Markus Gastl

MEHR NATUR IM GARTEN

Einfache Projekte mit großer Wirkung für lebendige Vielfalt

ulmer

INHALT

Gute Gründe 4
Win-win für Gärtner und Natur 6
Zusammenhänge erkennen und verstehen 10

Beetflächen nutzen 14

Nullachtfünfzehn: der Standard 16
Es geht auch anders 18
Das Ruderalbeet 20
Pflanzen für das Ruderalbeet 22
Das Magerbeet 24
Pflanzen für das Magerbeet 28
Das Schattenbeet 30
Pflanzen für das Schattenbeet 32
Das Saumbeet 34
Das Sumpfbeet 36
Nutzbeete: go eating your plants 38
Beetbegrenzungen 42

Aus Rasen wird Wiese 44

Von monoton zu vielfältig 46
Rasen verwildern lassen 50

#machsnachhaltig
Initialzündung für mehr Vielfalt 52

#machsnachhaltig
Eine Wiese neu einsäen 54

Hecken: trennen und vernetzen 56

Durch Trennen verbinden 58

#machsnachhaltig
Die Thuja muss weg! 62

feature
Buchs Ade 64

#machsnachhaltig
Ausgraben und neu anlegen 66
Pflanzen für Hecke und Gebüsch 68

#machsnachhaltig
Lebende Weidenzäune 70

#machsnachhaltig
Flechtzäune aus Ästen 72

Tote Flächen beleben 74

Hitzepol und Trockeninsel 76
Aufbrechen von Pflaster und Schotterflächen 78
Wege 80
Gestaltung mit Trögen 84
Bepflanzung der Vertikalen 86

#machsnachhaltig
Lebensraum an der Wand 90

Wasser zurückhalten 94
Der Quell des Lebens 96
Der Flachwasserteich 100

#machsnachhaltig
Einen Teich anlegen 102

#machsnachhaltig
Dachwasser nutzen 104

feature
Balkontipp: Tränke 106

Wildnis-Wohnraum 108
Die Entscheidung fürs Leben 110

#machsnachhaltig
Igeltopia 112

#machsnachhaltig
Amphi-Festung 114

#machsnachhaltig
Dinohausen 116

#machsnachhaltig
Batmansbar 118

#machsnachhaltig
Dschungeltipi 120

#machsnachhaltig-Infos 122
Das Hortus-Netzwerk 124
Bezugsquellen 124
Zum Weiterlesen 125
Im Netz 125
Register 126

Die Blumen machen den Garten, nicht der Zaun

FLATTERNDE SCHMETTERLINGE

→ Du kannst es! Für die zerbrechlichen Sonnenkinder der Lüfte ist Nahrung in ihren unterschiedlichen Entwicklungsstadien wichtig. Die Falter schlecken mit ihren langen Rüsseln an bestimmten Blumen. Die Raupen fressen oft sehr spezialisiert je nach Art an speziellen einheimischen Pflanzen. Wenn es dir gelingt, diese Pflanzen zu etablieren und offene sonnige Stellen einzurichten, wirst du bunte Schmetterlinge flattern sehen.

SINGENDE VÖGEL

→ Du kannst es! Die fröhlichen Piepmätze brauchen zur Jungenaufzucht vorwiegend Insekten und deren Larven. Aber auch Sämereien von Pflanzen, die nach der Blüte nicht abgeschnitten werden, sind beliebt. Wenn es dir gelingt, zusätzlich vor Räubern sichere Brutplätze und Versteckmöglichkeiten anzubieten, wirst du dich an einem herrlichen Konzert erfreuen können und die Vögel zum Singen bringen.

NATÜRLICH BESTÄUBEN

→ Du kannst es! Für die fleißigen Helfer ist reicher Blütenflor in Beeten oder der Hecke wichtig. Von Frühling bis zum Herbst wollen sie mit Nahrung versorgt sein. Viele Wildbienen brüten im Boden, deswegen ist ein vegetationsarmes Sandarium zusätzlich zum Insektenhotel sinnvoll. Damit du schmackhafte Äpfel, Birnen, Kirschen, Pfirsiche oder Erdbeeren ernten kannst, brauchst du dann nur deine Bienen bestäuben zu lassen.

BLUMEN ESSEN KÖNNEN

→ Du kannst es! Dein Garten ist auch ganz unmittelbar für dich da: für deine Ernährung. Du kannst Beete extra für das Gemüse anlegen und Radieschen oder Kürbis pflanzen. Aber auch in einem Rasen wächst eine Vielzahl einheimischer Kräuter, die hervorragend geeignet für einen Salat oder Smoothie sind. Noch schöner wird so ein Gericht, wenn du den unverfälschten Geschmack genießen kannst und gelernt hast, welche Blumen man essen kann.

ERDE RIECHEN

→ Du kannst es! Der Boden unter deinen Füßen ist sehr unterschiedlich, er kann hart oder weich, bewachsen oder ohne Pflanzen, trocken oder feucht sein. Er wird belebt von vielen unzähligen kleinen und kleinsten Destruenten, die dir das Wertvollste im Garten produzieren: deinen Humus – das „schwarze Gold deines Gartens". Erlaube dir, diese Grundlage allen Gedeihens und Wachsens in die Hand zu nehmen und diese Erde riechen zu dürfen.

SCHAFFENDE HÄNDE

→ Du kannst es! Fast alles Käufliche für den Garten, etwa Zaun oder Beetumrandung, kannst du auch selber bauen. Deiner Fantasie sind hier keine Grenzen gesetzt. Viele Materialien aus Holz und Stein haben bei anderen Gärtnern keinen Wert und werden entsorgt. Lass es dir schenken und verarbeite es zu Kunstobjekten und ökologischen Strukturen, sogenannten Naturmodulen. Nimm dir die Freiheit, mit deinen Händen Lebensraum zu erschaffen.

DAS LEBEN SPÜREN

→ Du kannst es! Quarantäne in einer stickigen Wohnung ist nicht lustig. Wenn du wochenlang keine Freiheit oder Platz zur Entfaltung hast, bleibt dir nur der leere, schale Geschmack der virtuellen Welt ohne Emotion und Wahrheit. In deinem Garten kannst du selbst und immer wirklich sein. Spüre, dass du lebst. Es ist das Natürlichste der Welt, sich zu bewegen, zu tanzen, zu singen, zu springen, zu lachen, sich zu freuen und frische Luft zu atmen.

RESSOURCEN SCHONEN

→ Du kannst es! Weniger ist mehr. Wenn das erlebt und gelebt wird, freuen sich der Geldbeutel und die Umwelt. Wiederverwenden, reparieren, mit anderen teilen oder etwas gar nicht erst zu brauchen – das sind aktive Beiträge zur Ressourcenschonung. Die gesparte Energie, Geld, Zeit und Arbeit investierst du besser in Erlebnisse mit Freunden, Familie und der Natur.

WIN-WIN FÜR GÄRTNER UND NATUR

Eine Blumenwiese spart regelmäßiges Mähen und sieht lebendiger aus als ein grüner Rasen. Das Mähgut muss trotzdem entfernt werden.

„Ein Garten mit Blumen und Natur macht viel mehr Arbeit als Rasen!", „Wenn du einen Garten hast, kannst du nicht mehr in den Urlaub, der muss ja ständig gepflegt werden!", „Du wirst auch nicht jünger …!" Solche oder ähnliche Sätze hört fast jeder Gartenträumer irgendwann aus seinem Umfeld, wenn er von seinen Plänen erzählt. Das kann ganz schön verunsichern. Da hilft es zu ergründen, warum ein Garten das Leben bereichern kann – und warum die meisten Gärtner eben nicht bereichert sind!

Selbstverständlich fordert ein Garten, egal wie er angelegt wird, immer körperliche Anstrengung, da braucht man sich nichts vorzumachen. Der „Garten für Faule" wächst irgendwann zu einem Dickicht zusammen und wird durch Strauch- und Baumsamen, die von Vögeln und Wind gebracht werden, schließlich zu Wald. Es liegt an jedem selbst, wie viel Kraft man hineingeben kann und will, um diesen Prozess zu lenken. Wandel lässt sich möglicherweise mit viel Aufwand verzögern, aber aufhalten lässt er sich nicht.

> Welche Art des Gärtnerns fühlt sich für dich nicht als mühevolle Arbeit, Zeit- und Geldverschwendung, sondern als Gewinn an?

Den Wandel stoppen?

Die Pflanzen sollen über Jahre hinweg möglichst gleich groß bleiben. Die Strukturen werden betoniert und felsenfest begradigt. Ein Rasen soll ein Rasen bleiben. Für immer und ewig. Das funktioniert in vielen Fällen überraschend gut über viele Jahre. Dennoch bemerkt ein aufmerksamer Beobachter eine langsame und kontinuierliche

Veränderung. Die hartnäckige Vegetation in den Pflasterfugen wird dichter. Flechten auf den polierten Granitsteinen überschreiten irgendwann die kleine Schwelle der Unsichtbarkeit. Die ersten Pflastersteine heben und senken sich. Die Baumkrone kommt trotz des jährlichen Schnittes dem Haus immer näher.

Warum entsteht diese fortschreitende „Nachlässigkeit", fragt sich dann ein ordentlicher Mensch? Weil auch die Gärtner älter werden und es im Rücken bekommen. Unbemerkt sind die Kinder erwachsen geworden und weggezogen, das Trampolin steht noch in der Ecke und rostet. Das ist der Wandel, der alles ergreift. Mein Rat ist: Entspanne dich und genieße die Zeit, deine Uhr tickt genauso wie jede andere Uhr auch nur bis zum letzten Schlag.

Der Garten diktiert nicht zwangsläufig das Handeln – wenn man sich von den „So macht man das halt im Garten"-Vorstellungen lösen kann. Oft sind es noch nicht einmal die tiefsten eigenen Vorstellungen, die realisiert werden, sondern die vermeintlichen Vorstellungen der Gesellschaft, die uns bei näherer Betrachtung zu absurden Dingen zwingen.

Ein selbst gepflückter Strauß ist ehrlicher, wertvoller und schöner als 30 gekaufte rote Rosen.

Dein Garten ist das Ziel

Der häufigste Satz, den ich während meiner Gartenberatungen zu hören bekomme, ist: „Was sagt dann unser Nachbar dazu?" Das schmerzt gewaltig, denn ein Garten wird nicht für den Nachbarn angelegt, sondern für uns selbst, also den Menschen und die Natur. Ganz ähnlich gilt das für folgenden Ausspruch: „Hoffentlich sieht das nicht unordentlich aus!"

Zeit für eine kleine vergleichende Geschichte, die das Prinzip Ordnung betrachtet: Stell dir vor, du sitzt auf einem Aussichtspunkt im Voralpenland. Es ist Herbst, die Sonne scheint, und es ist klare Sicht. Das Laub der Bäume im Vordergrund ist rot und grün, ja sogar golden und orange. Von links nach rechts erstreckt sich die gewaltige Bergkette der Alpen, die Gipfel schon gezuckert mit Schnee. Ein Postkartenmotiv. Stell dir nun weiter vor, der liebe Gott wäre ordentlich wie dein Nachbar. Dann hätte er alle Gipfel gleich hoch gemacht und hätte den rechten Winkel eingehalten. Eine durchgehende gerade Linie. Es wäre sehr ordentlich gestaltet, aber es wäre nicht schön! Interessanterweise hängen sich viele Menschen, die umgeben sind von gestutzten Hecken, langweiligem grünen Rasen und sterilen Gabionen, in ihren Wohnräumen ausgerechnet – oder vielleicht gerade deswegen – bunte Kalender mit Naturmotiven auf. Darauf finden sich dann Blumenwiesen, Wasserfälle, Naturlandschaften, aber eben keine Pflasterflächen und Zaunreihen. Die Menschen schwärmen für die tolle Natur des letzten Urlaubs – und gehen raus in den Garten, um Gift zu spritzen oder Rasen zu mähen. Für den Gartenbesitzer steckt in diesem offensichtlichen Widerspruch eine unglaubliche persönliche Freiheit: Man kann wählen zwischen Ordnung und Schönheit – und allen Abstufungen dazwischen.

Die sechs Eckpfeiler eines Hortus

Wer seinen Garten verändern möchte, damit er sich auch bewusst von den Gärten der Nachbarschaft unterscheidet, kann sich an den sechs Eckpfeilern, die einen Hortus ausmachen, orientieren. Der Begriff „Hortus" bezeichnet einen Garten nach dem von mir entwickelten „Drei Zonen Modell" – mehr dazu und Literaturtipps findest du auf Seite 125.

❶ Vielfalt: Darauf ist unser ganzes Leben aufgebaut! Erst Vielfalt macht das Leben, wie wir es kennen und schätzen, möglich. Je vielfältiger du deinen Garten gestalten kannst, desto mehr Grundlagen schaffst du für ein buntes Treiben und desto stabiler wird das „System" Garten oder Balkon, auch auf kleinem Raum. Ein stabiles System trägt sich quasi selbst, und es ist nicht viel Eingreifen deinerseits nötig, nur ein sanftes Lenken.

❷ Schönheit: Jeder hat eigene, ganz bestimmte Vorstellungen von Schönheit. Wahre Schönheit ist dabei nicht mit Ordnung zu verwechseln. Gehe in dich, betrachte vor deinem geistigen Auge den zu gestaltenden Raum. Spiele mit den Gedanken und koste deine Fantasie aus. Am Ende soll der Garten schließlich dir allein Freude machen.

❸ Nutzen: Welchen Nutzen hat ein grüner Rasen, der nur zum Mähen betreten wird? Welchen Nutzen hat eine blickdichte Hecke ohne Blüten oder Früchte außer dem Sichtschutz? Wofür und für wen ist ein Garten nützlich? Gerne darfst du von einem Garten erwarten, dass er vielfachen Nutzen bringt. Aus der Fülle darfst du selbstverständlich „nehmen", etwa Gemüse und Obst, frische Luft und Vogelgezwitscher, gleichzeitig solltest du „geben": körperliche Betätigung, Verwirklichung von eigenen Ideen und verständnisvolle Betrachtung. So hängt alles zusammen.

❹ Nachhaltigkeit: Ein Schlagwort, das aktuell immer öfter zu hören ist und endlich stärker ins Bewusstsein rückt. Zu Recht! Denn leider leben wir häufig so, als gäbe es unbegrenzte Ressourcen. Der Erhalt eines englischen Rasens oder einer geschorenen Hecke ist nicht nachhaltig, sondern verschlingt über die Jahre Benzin, Düngemittel, Geräte, Zeit und Arbeit. Diese Mittel, anders eingesetzt für die Produktion von Lebensmitteln, hätten einen direkten Nutzen für deine eigene Ernährung. Durch bedachte Tätigkeiten im Garten und durch das Erkennen von Zusammenhängen lernst du mit der Zeit, auf Dinge von außen, die du sonst gekauft hättest, zu verzichten. Du wirst bemerken, dass die Natur für vieles selbst die Lösungen bereithält.

❺ Kreislauf: Wenn du nichts aus deinem Garten auf die Grüngutdeponie hinausbringst, und im Gegenzug nichts, wie etwa Rindenmulch oder Dünger, hineinbringst, erreichst du einen geschlossenen Kreislauf an Nährstoffen und verwendetem Material. Das klappt zu Anfang nur bedingt, wird aber mit der Zeit immer leichter und selbstverständlicher. Du wirst in diesem Buch noch viel über Kreisläufe lesen, wie wichtig sie sind, wie sie aufgebaut und erhalten werden können.

❻ Kreativität: Kinder können und wollen kreativ sein. Spielen ist eine unglaubliche Fähigkeit des Menschen. Lösungen finden, um Hürden und Hindernisse zu meistern, beschert Zufriedenheit und ermöglicht es, mit Ideen und „Mut zur Lücke" zu gestalten. Mit dem Erwachsenwerden verschwindet diese Kraft und macht der Verwendung von gekauften Komplettlösungen Platz. Geld ist in der Regel vorhanden und spielt keine Rolle mehr. Du kannst mit der Rückbesinnung auf die kindliche Kraft jeden Garten, jeden Balkon, jedes noch so kleine Eckchen gestalten und aufleben lassen. Kein Garten muss mehr dem anderen gleichen, denn ein Garten ist immer auch Ausdruck des Gestalters!

Wenn man sich diesen sechs Punkten langsam und bedächtig, aber zielstrebig und mutig annähert, wird das Wirken im Garten jeden mit großer Zufriedenheit und innerer Ruhe beschenken. Man wird sich stundenlang in scheinbaren Kleinigkeiten im Garten verlieren können; der Gärtner erdet sich im wahrsten Sinne des Wortes.

Ein Garten, egal wie groß, schafft Vielfalt auf kleinstem Raum. Er gibt die Chance, kreativ einen Rückzugsort zu schaffen: zum Wohlfühlen und zusätzlich zur Versorgung mit hochwertigen Lebensmitteln. Ein Garten unterstützt dabei, an Körper und Seele fit und gesund zu bleiben und trägt maßgeblich dazu bei, bewusster und nachhaltiger zu leben. Nichts ist besser geeignet, um Kreisläufe erkennen und verstehen zu lassen. Und diese Kreisläufe wiederum unterstützen den Gärtner bei seinem Tun.

Ein Garten, der unter Berücksichtigung dieser sechs Eckpfeiler angelegt wurde, kennt nur Gewinner – Win-win für die Natur und für dich! Indem du die Natur unterstützt, profitierst du im gleichen Maße von ihr – Geben und Nehmen im Gleichgewicht.

Mit viel Schöpfungskraft und Kreativität gebaut: Ein solches Objekt gibt es nur einmal auf dieser Welt – es ist einzigartig.

ZUSAMMENHÄNGE ERKENNEN UND VERSTEHEN

Stelle dir ein Kartenhaus vor. Zwei Karten werden zu einem Dreieck aneinandergestellt, daneben kommt das nächste Paar. Insgesamt stellst du fünf Paare nebeneinander auf. Darauf legst du horizontal vier Karten, du ziehst also die erste Decke ein. Darauf vier neue Kartenhaus-Paare, Zwischendecke darauf usw. Ganz oben stellst Du ein Bild von dir selbst auf, angelehnt an ein Foto deiner Familie. Das ist die Welt – deine kleine Welt. Aber das Kartenhaus des Lebens ist in Wirklichkeit viel größer, viel mächtiger.

In unserer Welt steht symbolisch jede Karte für eine Art – für ein Tier, ein Gewächs, einen Pilz: vom Einzeller über Pflanzen, Weichtiere, Gliederfüßer bis hin zu den Wirbeltieren und letztendlich auch dem Menschen. Jede Art hat eine eigene Karte. Zusammen bilden sie alle das Haus des Lebens. Das wären auf dem blauen Planeten Erde geschätzte 8 Millionen Karten, 5,5 Millionen Karten davon nur Insekten.

Der Mensch hat seinen Platz ganz oben auf dem Kartenhaus eingenommen, hat es sich hier schön eingerichtet und genießt eine fantastische Aussicht. Er fühlt sich sicher, getragen von all den Lebewesen auf den Etagen unter ihm – die Krone der Schöpfung. Oder könntest du dir dein eigenes Foto irgendwo tief unten vorstellen? Tatsächlich ist es aber oben am wackligsten. Stabil bleibt der Mensch oben nur stehen, wenn darunter alles stabil bleibt.

Nah bei uns Menschen oben im Kartenhaus sind viele Tiere, die uns irgendwie verbunden sind. Da sind zum einen unsere Haustiere und Nutztiere sowie zum anderen die vertrauten Wald- und Wiesentiere (Singvögel, Rehe, Füchse und Hasen). Sie alle genießen das Wohlwollen vieler Menschen. Einerseits, weil sie unsere besten Freunde sind, uns direkt nutzen (Eier, Milch, Käse, Fleisch) und andererseits, weil sie uns mit ihrem „Niedlichkeitsbonus" nahestehen. Sich für diese Etage im Kartenhaus zu begeistern, sich für sie einzusetzen, fällt vielen Menschen leicht.

Doch das Kartenhaus hat noch viel mehr Etagen, die weit hinabreichen und immer breiter werden. Bald tauchen die ersten Pflanzenkarten auf: Reis, Weizen, Mais als die wichtigsten Nahrungspflanzen. Je tiefer wir nach unten kommen, desto grö-

ZAHLEN & FAKTEN

Aus dem Bericht des Weltbiodiversitätsrats (IPBES) von Mai 2019 geht hervor, dass bis zu 1 Million Arten in den meisten Tier- und Pflanzengruppen – das sind etwa 25 % aller Arten – vom Aussterben bedroht sind. Das Artensterben ist heute mindestens zehn- bis hundertfach höher als im Durchschnitt der letzten 10 Millionen Jahre.

ßer und bewohnter werden die einzelnen Etagen: Blumen, Gräser, Bäume und Sträucher in einer unglaublichen Vielfalt; Tiere, deren Namen du vielleicht noch nie gehört hast. Die tiefen Etagen werden dir immer unbekannter. Ganz unten im tiefsten Keller sind die Bakterien und Viren. Alleine in deinem Darm leben ungefähr 2000 verschiedene Bakterienarten.

Je mehr Karten auf einer Etage, desto stabiler steht das ganze Haus. Das stimmt. Tatsächlich liegt in dieser Stabilität aber auch gleichzeitig eine große Gefahr. Fehlt weiter unten eine Karte oder rutscht eine zur Seite, merkt der Mensch ganz oben erst einmal nichts davon. Oder würde es dir auffallen, wenn etwa die Karte des „Dunkelbraunen Kugelspringers" (Insekt des Jahres 2016) plötzlich weg ist? Wohl kaum.

Aber die direkten Nachbarkarten des Kugelspringers sind von dem Verlust betroffen. Früher oder später verrutscht die nächste Karte. Stück für Stück rutschen die Karten aus unserem stabilen Haus; und mit jedem weiteren Mauerstein, der fällt, wird es wackliger und instabiler. Es ist wie eine Lawine oder ein Tsunami. Lange merkt niemand etwas. Aber dann folgt der Zusammenbruch.

Momentan sprechen wir von etwa 1 Million Arten, die vom Aussterben bedroht sind, und viele davon werden in den nächsten Jahrzehnten ausgestorben oder besser gesagt ausgerottet sein. Das sind unglaublich große, kaum vorstellbare Zahlen. Und mit jedem Verlust geht der nächste einher ... Bis wir das Dilemma ganz oben an der Spitze merken, werden bereits sehr viele Karten wackeln, kurz vor dem Rausrutschen oder bereits für immer verloren sein.

ZAHLEN & FAKTEN

- Die Hälfte der lebenden Korallen ist seit 1870 bereits verschwunden.
- Die Waldfläche beträgt nur noch 68 % im Vergleich zum vorindustriellen Zeitalter.
- 75 % der Land- und 66 % der Meeresfläche sind durch Menschen verändert.
- 85 % der Feuchtgebiete sind in den letzten 300 Jahren verloren gegangen.
- Seit den 1950er-Jahren hat die Vielfalt der Nutzpflanzenarten um 20 % abgenommen.
- Je 9 % der Bienen- und Tagfalterarten allein in Europa sind stark gefährdet oder vom Aussterben bedroht.

Wandel verändert alles!

Es leuchtet ein, dass es immens wichtig ist, die Basis des Kartenhauses zu schützen und entsprechend zu handeln! Wenn du deinen Garten verändern möchtest, muss an erster Stelle also die Stärkung der Basis stehen. Nicht nur in der Gestaltung deines Gartens, sondern in allen Aspekten des täglichen Lebens kommt es auf diese Basis an. Die oft, als hässlich oder eklig empfundenen, unbeachteten Mitbewohner wie Spinnen, Würmer und Wanzen wollen genauso wenig vergessen werden wie die possierlichen Schmetterlinge, Bienen und Marienkäfer. Sie alle bilden die grundlegende Basis, sie sind das Fundament! Jedes Lebewesen erfüllt einen Zweck in der Gesamtheit des Lebens, auch wenn sich dieser Zweck nicht immer sofort erschließt. Auch der Mensch ist nur ein Teil des Ganzen, mit einem wichtigen Unterschied: Er kann sich diesen Umstand bewusst machen. Er kann Zusammenhänge erkennen und verstehen und ist deswegen moralisch zum Handeln verpflichtet.

Protagonisten und Antagonisten

Die Natur wird durch Räuber-Beute-Beziehungen gesteuert und hält sich so im Gleichgewicht. Die einen können nur sein, wenn die anderen auch vorhanden sind. Die Auslöschung von Schädlingen durch Gifte etwa, löscht auch immer die dazugehörigen Nützlinge aus – sie sterben entweder ebenfalls am Gift oder aber sie verhungern. Jeder Mitspieler im Garten hat also einen Gegenspieler:

- Schnecken – Spitzmäuse, Vögel, Blindschleichen, Kröten, Laufkäfer, Glühwürmchen, Tigerschnegel
- Wühlmäuse und andere Mäuse – Mauswiesel und andere Marderartige, Eulen und andere Raubvögel, Füchse, Maulwürfe, Katzen
- Dickmaulrüssler, besonders seine Larven – Maulwürfe, Spitzmäuse, Igel, Eidechsen, Erdkröten

Fressen und gefressen werden. Der Marienkäfer hilft gegen die ungeliebten Blattläuse, sofern man ihm das bietet, was er sonst noch so braucht.

- Mücken – Libellen- und Wasserkäferlarven, Amphibien, Vögel, Fledermäuse, Spinnen
- Wespen – Vögel, Hornissen, Libellen, Schlupfwespen
- Ameisen – Grünspechte, Amphibien, Käfer, Tausendfüßler, Wanzen, Ameisenlöwen
- Blattläuse – Marienkäfer, Flor- und Schwebfliegenlarven, Vögel, Spinnen, Wanzen, Weichkäfer, Schlupfwespen
- Wurzelläuse – Tausendfüßler, Laufkäfer, Kurzflügelkäfer
- Raupen – Vögel, Schlupfwespen, Raupenfliegen, Laufkäfer, Fledermäuse
- Mehltau – bestimmte Marienkäfer und ihre Larven

Aber auch unsere Helfer haben Feinde und sind ebenso eingebunden in wechselseitige Beziehungen und Abhängigkeiten zu anderen Tieren. Nur selten sind diese Verbindungen einfach und klar, oft bestehen komplizierte sogenannte Nahrungspyramiden und Nahrungsnetze.

- Igel – Dachse, Uhus, Mähroboter
- Vögel – andere Vögel, Marder, Ratten, Katzen
- Maulwürfe – Eulen und andere Greifvögel, Marderartige, Katzen
- Libellen – Frösche, Fische (Larven), Vögel, Spinnen, Ameisen, Katzen
- Fledermäuse – Eulen, Marder, Katzen
- Spitzmäuse – Mauswiesel und andere Marderartige, Füchse, Katzen
- Hornissen – Vögel, Libellen, Schlupfwespen
- Amphibien – Fische (Laich), Raubvögel, Raben- und Stelzenvögel, Marder, Schlangen, Katzen
- Eidechsen – Greif- und andere Vögel, Füchse, Marderartige, Katzen

Hühner fressen alles, was eine bestimmte Größe nicht überschreitet und sich bewegt. Sie selbst stehen bei Fuchs oder Habicht auf dem Speisezettel.

ZAHLEN & FAKTEN

Westeuropas ökologischer Fußabdruck ist pro Kopf durchschnittlich 5 Hektar groß, dem gegenüber steht eine Biokapazität von nur etwa 2 Hektar. Das heißt, ein einzelner Westeuropäer verbraucht im Schnitt so viel Ressourcen (für Essen, Kleidung, Energie und vieles mehr), dass rein rechnerisch 5 Hektar Anbaufläche dafür notwendig wären. Tatsächlich stehen ihm aber nur 2 Hektar zur Verfügung. Die Differenz von 3 Hektar wird durch Naturzerstörung woanders auf der Welt verfügbar gemacht.

BEETFLÄCHEN NUTZEN

Was ist eigentlich ein Beet? Im heutigen Sprachgebrauch handelt es sich dabei um ein abgegrenztes Stück Boden in einem Garten oder Park, auf dem entweder Blumen oder Gemüse angebaut werden. Die Begriffe Rechteck und Einfassung sind oft damit in Zusammenhang zu bringen. Ein Beet wird nur selten betreten und hat oft auch Laufwege, um die Pflanzen nicht zu stören.

NULLACHTFÜNFZEHN: DER STANDARD

> GUTER BODEN IST DAS REICH DER „GENIALEN" PFLANZEN. DURCH MULCHEN ODER OBERFLÄCHLICHES HACKEN LASSEN SIE SICH ABER LEICHT IN SCHACH HALTEN.

Im modernen Garten ist das Blumenbeet in der Regel am Rand des Rasens angelegt und mit einer Rasenmähkante aus Stein ausgeführt. Die Abgrenzung ist meist geschwungen. Die Bepflanzung besteht aus wenigen etablierten Stauden der Baumärkte und Gartencenter, die sich problemlos im nächsten Garten wiederfinden lassen. Auch geteilte, von den Nachbarn oder auf Tauschbörsen geschenkte, wuchernde Stauden finden so Verbreitung in alle Gärten. Die meisten dieser Pflanzen sind fremdländisch und haben nur sehr wenig Bezug zu unserer heimischen Tierwelt. Gekauft werden sie, weil sie uns bunt und zu guten Preisen angeboten werden. Oft kennen wir nicht die exakten Namen dieser Pflanzen.

Das Gemüsebeet ist immer viereckig gestaltet und zunehmend als Hochbeet ausgeführt. Oft irgendwo in den hinteren Bereichen des Gartens versteckt, als müsste man sich schämen, wenn man Lebensmittel anbaut.

Dem Blumenbeet und dem Gemüsebeet gemeinsam sind der Aufbau und damit die Verwendung von gekauften Substraten wie Mutterboden oder Pflanzerde. Diese Beete sind auch durch zusätzliche Düngergaben oft sehr nährstoffreich. Deswegen stellt der ungewollte Bewuchs mit Unkräutern, ich nenne sie die „genialen" Pflanzen, eine große Herausforderung dar. Die Bekämpfung und das In-Schach-Halten dieser Unkräuter durch Hacken, Chemie oder regelmäßiges Aufbringen von Rindenmulch ist eine der Haupttätigkeiten in einem modernen Garten und vor allem in den Beeten. Das muss nicht sein! Du kannst es auch anders machen!

Die „genialen" Pflanzen

Als Unkraut werden die Pflanzen bezeichnet, die in überdüngten Beeten, im Rasen, in Pflasterfugen oder zwischen Sträuchern wuchern und dort gewaltig stören. Es sind immer dieselben Verdächtigen: heimisch und an unser Klima angepasster Giersch, Löwenzahn, Brennnessel, Klee und ein paar mehr. Interessanterweise finden sich diese lästigen Pflanzen draußen in der Natur nicht an mageren und trockenen Hängen, in sumpfigem Gelände oder im tiefen Schatten eines Nadelwaldes. Warum sind sie also alle in unseren Gärten? Ganz einfach! Weil diese „genialen" Pflanzen genau den Boden lieben, den wir in unseren Gärten liefern: nährstoffreich und gut bewässert. Warum versuchen nun alle Gärtner, diese perfekten „Unkraut"-Bedingungen durch Vertikutieren, Düngen mit Blaukorn, Beregnen usw. zu schaffen?
Die Antwort ist einfach! Weil die für viel Geld gekauften fremdländischen Pflanzen, wie beispielsweise Rosen, Rhododendren, großblütige Clematis und Geranien auf dem Balkon, die in keinster Weise an unser Klima angepasst sind, am Leben erhalten werden sollen. Diese empfindlichen Pflanzen brauchen diese Bedingungen, sonst verabschieden sie sich schnell. Die „genialen"

Unkräuter nutzen das gnadenlos für sich aus – und gewinnen immer.

Situation erkannt, Unkraut gebannt

Der einfachste Weg, „Unkräutern" ein Schnippchen zu schlagen, ist die Nachahmung von Standorten der Natur; sie weichen vom Standard in Beeten (nährstoffreich und gut bewässert) deutlich ab. Wenn du dich darauf einlässt, kannst du Unkrauthacken, Düngen und Gießen in Zukunft stark zurückfahren. Mal ehrlich: Hast du schon einmal auf den schönsten Blumenwiesen der Naturschutzgebiete Menschen gesehen, die dort hacken, düngen oder gießen? Nein? Das sollte dir zu denken geben.

Die Hundszunge, eine einheimische, prachtvolle, zweijährige Staude, braucht sich neben einer standardisierten Edelrose in keiner Weise zu verstecken.

ES GEHT AUCH ANDERS

Dein Interesse wird sich, je mehr du bewusst gärtnerst und gestaltest, wahrscheinlich mit der Zeit zu einheimischen Pflanzen verschieben. Sie alle haben einen hohen Nutzen für die Natur. Neben den guten alten Bekannten Giersch, Brennnessel, Löwenzahn und Klee gibt es noch sehr viele andere, die den Wettbewerb hinsichtlich Schönheit und Seltenheit mit den Standardpflanzen nicht scheuen müssen. Die fremdländischen Pflanzen werden dich möglicherweise nur noch gering in ihren Bann ziehen: Sie sind schön, aber wertlos für deine Gartenbestimmung. Für das teure Geld, mit dem etwa eine Strauchpäonie zu Buche schlägt, von den Folgekosten ganz zu schweigen, lässt sich ein Vielfaches an einheimischen Pflanzen kaufen. Diese verbreiten sich an geeigneten Standorten von selbst.

Vielfältige Beete

Ein Standort kann sich extrem von einem anderen Standort unterscheiden. Die Stellschrauben der Vielfalt bei deinen Beeten sind einfach die Gegensätze der Möglichkeiten:

- **Sonneneinstrahlung: vollsonnig bis schattig**
- **Feuchtigkeit: trocken bis nass**
- **Nährstoffgehalt im Boden: fett bis mager**
- **pH-Wert: sauer bis basisch**

Alle Kombinationen sind möglich und erfreuen mit ihrer eigenen, typischen Pflanzenvielfalt. Auf den folgenden Seiten stelle ich dir ein paar wichtige und leicht nachzubauende Beettypen vor.

Beete sind durchaus sinnvolle Elemente in einem Garten, und du solltest die komplette Bandbreite der Möglichkeiten ausreizen. Sie geben Struktur und sind wunderbar geeignet, individuell und ganz bewusst auf die Bedürfnisse von dir und deinen Gartenbewohnern einzugehen. Du reservierst eine festgelegte Fläche für bestimmte Pflanzen und Biotopstrukturen – je nach Standort als Nutzbeet, als bunte Nektartankstelle, als Kinderstube für Wildbienen, als kleines Feuchtgebiet oder auch als duftende Kräuterwelt.

Eine Beetbegrenzung grenzt den reservierten Lebensraum deutlich ab und schützt dadurch vor dem Betreten oder Bespielen von Kindern, dem Ehepartner oder deiner eigenen Ungeschicktheit. Die Begrenzungen können sehr unterschiedlich sein und auch einen langsamen Übergang des Bewuchses in den nächsten Gartenbereich zulassen. Mit dem Anlegen von unterschiedlichsten Beetformen hast du die Möglichkeit, deinen Garten interessant und attraktiv zu gestalten – Nutzen für die Natur und gleichsam auch für dich.

WO EIN WILLE, DA EIN WEG. DIE KLEINSTEN FLÄCHEN KÖNNEN ERFOLGREICH MIT DER RICHTIGEN PFLANZENAUSWAHL BEPFLANZT WERDEN.

Beete auf dem Balkon?

Theoretisch sind alle Beetformen auch auf einem Balkon möglich. Das, was in einem Gartenbeet geht, geht im Kleinen auch auf dem Balkon. Drei Dinge sollte man aber unbedingt beachten:

- Töpfe und Kübel mit Erde und obendrein noch mit Gießwasser können zusammen ein immenses Gewicht erreichen. Bei Erde und Wasser lässt sich nicht sparen. Aber das Gewicht der Pflanzgefäße sollte man so gering wie möglich halten. Außerdem sind genaue Informationen, welche statischen Belastungen der Balkon aushalten kann, wichtig.
- Auf dem Balkon herrscht begrenzter Platz. Um diesen optimal zu nutzen, kann „Vertical Gardening" interessant sein. Dabei werden die Pflanzgefäße senkrecht an der Wand befestigt und übereinander geschichtet. Auch das Geländer oder die Balkonbegrenzung können mit Töpfen in speziellen Halterungen ausgestattet werden. Pflanzen, die in Ampeln hängen, nutzen den Raum in der Höhe.
- Der Balkon ist ein extremer Lebensraum. Südbalkone können sehr heiß werden, die Verdunstung nimmt sprunghaft zu. Regenfälle erreichen in der Regel die Balkonfläche nicht. Nordbalkone sind schattig und kühl, nicht alles wird dort wachsen können.

Trotz dieser Widrigkeiten solltest du dich nicht davon abbringen lassen, deinen Balkon zu bepflanzen. Vorteil ist: Hier kannst du dich viel intensiver um deine Pflanzen kümmern als in einem Garten, da die Wege kurz und die Flächen begrenzt sind. Jeder Gast, der dich auf dem Balkon besucht, ob es nun Spatzen, Schmetterlinge oder Eichhörnchen sind, wird dir ein freudiges Lächeln ins Gesicht zaubern und dir zeigen, dass vieles möglich ist.

DAS RUDERALBEET

Der Begriff Ruderalvegetation leitet sich von rudus oder ruderis ab, lateinisch für Schutt und Mörtel, und bezeichnet vorwiegend krautige Vegetation auf durch menschliche Tätigkeiten stark veränderten und gestörten Wuchsplätzen. Es gibt genügend Pflanzen, die ähnlich wie Unkräuter geniale Eigenschaften besitzen und zunächst vegetationsleere Flächen und Lücken schnell erobern und bewachsen können. Diesen Pflanzen ist nichts zuwider, sie vertragen Hitze und Trockenheit, Salz und regelmäßige Überflutung genauso wie wechselnde Lichtverhältnisse und Konkurrenzdruck durch andere Vegetation. Die Verbreitung der Samen geschieht vorwiegend durch Wind und Vogelkot. Die Ruderalpflanzen sind die wahren Helden unserer Natur. Sie kommen eigentlich mit sehr wenigen Nährstoffen im Boden aus. Wenn sie im Boden Energie zum Wachsen finden, erobern sie alles und halten sich gegenseitig in Schach.

Nährstoffe und organisches Material bleiben nicht dort liegen, wo sie entstanden sind, sondern werden durch Wasser und Wind an bestimmten Stellen minimal angereichert. Hier ist das Paradies unserer heldenhaften Spezialisten. Kleinste Spalten von Mauern und Hauswänden oder Lichtschächte von Kellerfenstern reichen für die Samen aus, um Fuß zu fassen. Das versickernde Regenwasser bringt genügend Nährstoffe mit. Die Wärme staut sich und verbessert die Wuchsbedingungen enorm.

Entlang von Zäunen ist das Hacken und Jäten schwierig; etliche Keimlinge werden übersehen. Das nutzen die Ruderalpflanzen gnadenlos aus. Jeder nicht entsorgte Hundehaufen, jede Kante neben einem Kompost, jede freistehende Baumscheibe, auf die das Laub fällt, jede Feuerstelle mit Asche bietet eine punktuell bessere Nährstoffversorgung als die Umgebung und liefert die perfekten Bedingungen für einen Eroberungssturm.

All diese Pflanzen mit anderen Augen und Respekt vor ihrer Leistung zu betrachten, kann die Wahrnehmung der Vorgänge in der Natur voranbringen. Wer neugierig ist, wird auf Spaziergängen plötzlich all diese Pflanzen entdecken.

Ein Ruderalbeet anlegen

Ein Ruderalbeet im Garten ist überhaupt nicht schwer umzusetzen. Du schüttest einfach einen Haufen Material – ob nun Bauschutt oder Aushub, mit oder ohne Dränagekern, lehmig oder sandig – zu einem Hügel auf. Alles ist erlaubt. Denn jeder Hügel wird eine andere Vegetation ausbilden. Dann kann es losgehen: entweder wild und unkontrolliert und du wartest mit einem Bestimmungsbuch in der Hand oder mit gezielter Pflan-

Ruderalvegetation bietet mit ihren langen Standzeiten ideale Überwinterungsmöglichkeiten für Insekten und ihre Puppen, Larven und Eier.

zung von besonderen wilden Helden. Die einsetzende Dynamik wird dich und deine Gartenbewohner begeistern. Das ist „Black Box Gardening" in absoluter Reinform, die Pflanzen gestalten die Fläche allein. Je energiereicher der Boden, der bei der Neuanlage verwendet wird, desto ungestümer ist das Wachstum. Damit dir nicht alles über den Kopf wächst, heißt es hier (wie auch beim Magerbeet auf der nächsten Seite): „Weniger ist mehr."

Die Pflege

Der Pflegeaufwand ist äußerst gering. Du entfernst nur die Dinge, die dir zu viel werden. Gießen ist in der Regel nicht notwendig. Die ersten beiden Jahre muss oft noch nicht einmal gemäht werden, erst wenn zu viele alte Stängel stehen, kannst du mit einer Sichel eingreifen, um wieder etwas Licht auf den Boden zu bringen. Allerdings sollten über den Winter immer genügend Stängel stehen bleiben, die Insekten oder deren Puppen Schutz bei der Überwinterung gewähren.

ÜBERRASCHUNGSKASTEN FÜR PFLANZENFORSCHER

Tritt auf einem Spaziergang im Park einmal mit Absicht in den „Dreck"; er soll im Profil deiner Schuhe hängen bleiben. Nach dem Trocknen kratze zu Hause diese Handvoll Dreck aus deinen Schuhen – er beinhaltet garantiert etliche Samen! Diese werden in einen Balkonkasten gesät und gegossen. Was wird wohl keimen?

PFLANZEN FÜR DAS RUDERALBEET

GEWÖHNLICHER NATTERNKOPF
Echium vulgare

Seine blauvioletten Blüten von Mai bis September sind Nahrungsquelle für mehr als 30 Wildbienenarten und verschiedene Schmetterlinge, wie Schwalbenschwanz oder Distelfalter. Besonders hübsch sind die Pollenhöschen und Bauchbürsten der Wildbienen nach ihrem Besuch an dieser imposanten Pflanze, denn der Pollen hat eine bläuliche Farbe. Die Natternkopf-Mauerbiene nimmt ausschließlich diesen Pollen und Nektar für sich und ihre Brut. Sie nistet gern in Wildbienen-Nisthilfen, und wenn beides vorhanden ist – Natternkopf und geeigneter Nistplatz – fühlt sie sich im Garten wohl.

GEWÖHNLICHE OCHSENZUNGE
Anchusa officinalis

Weniger bekannt und nicht so häufig anzutreffen ist diese rauhaarige Schönheit. Sie ist zweijährig bis ausdauernd und bezaubert mit kleinen Blüten, die sich erst in Karminrot öffnen und dann in ein dunkles Violett übergehen. Mit 30–100 cm Höhe wird die Ochsenzunge nicht riesig, beansprucht aber doch ein wenig Platz. Sehr genügsam ist sie, mag aber keinen Kalk. An ihr laben sich verschiedene Bienen und Schmetterlinge, auch der Wollschweber ist hier gern zu Besuch. Mit der Ochsenzunge wächst ein kleiner Schatz im Garten, der recht selten wild zu finden ist.

WEGWARTE

Cichorium intybus

Die Blüten der Wegwarte öffnen sich jeden Morgen in Richtung Osten und wandern mit dem Sonnenstand mit, bis sie sich am frühen Nachmittag wieder schließen. Sie kann bis zu 1,30 m hoch werden und sich reich verzweigen. Dann ist sie übersät mit unglaublich strahlend blauen Blüten, die von Juni bis Oktober einer sehr großen Zahl von Wildbienen und Schwebfliegen Nahrung bieten. Wenn sie verblüht ist und die Samen reif sind, dann lässt sich der Distelfink diese schmecken. Die Wegwarte blüht ab dem zweiten Jahr und ist dann recht ausdauernd.

GELBE RESEDE

Reseda lutea

Ein anderer Name für diese eher unscheinbar blassgelb blühende, einjährige bis ausdauernde, krautige Pflanze ist Gelber Wau. Sie blüht von Juni bis September und ist nicht nur für verschiedene Wildbienen interessant, sondern findet besonders bei Grabwespen, Goldwespen und anderen Hautflüglern Aufmerksamkeit. Die Blüten öffnen sich an einer langen Rispe von unten nach oben. Besonders attraktiv wirkt die Resede im Zusammenspiel mit Natternkopf und Wilder Möhre, zwischen denen ihre aufrechten, bis zu 70 cm hohen Blütenstängel schön zur Geltung kommen.

DAS MAGERBEET

DIE KÜCHENSCHELLE IST EIN SPEZIALIST AUF MAGEREM BODEN UND ERFREUT AUCH TIERISCHE FRÜHAUFSTEHER.

„Magerer Boden? Da wird nichts wachsen! Wer einen Garten hat, braucht guten Boden!" Solche Reaktionen sind oft zu hören. Tatsächlich bevorzugen mehr als 1300 Pflanzenarten in Deutschland magere Böden! Nicht weil sie mageren Boden über alles lieben, sondern weil dort schlichtweg die konkurrenzstarken Stickstoffzeigerpflanzen mit ihrem erhöhten Nährstoffbedarf nicht mehr wachsen können. Die leeren Plätze werden dann von den schönen empfindlichen Blumen besetzt. Was ist in diesem Zusammenhang ein magerer Boden? Ein Boden mit möglichst wenig organischen Anteilen! Organische Anteile sind einfach gesagt „Humus".

So wenig Humus wie möglich

Humus sollte in einem Magerbeet möglichst wenig verwendet oder gar ganz vermieden werden. In der weiteren Entwicklung soll sich in einem Magerbeet auch kein Humus neu bilden. Laubfall und der jährliche Aufwuchs der Stauden sollten also entfernt werden, denn sonst setzt die natürliche Verrottung des Pflanzenmaterials auf der Fläche von allein neuen Humus frei. Bleiben die Pflanzen über den Winter stehen, sind in der Vegetation versteckte Puppen, Larven oder Eier besser geschützt. Spätestens im nächsten Frühjahr dann werden die Stauden einfach bodennah abgezwickt. Der Nährstoffgehalt bleibt durch diese Maßnahme dauerhaft gering.

Ein Magerbeet anlegen

Im ersten Schritt entfernst du die vorhandene Grasnarbe oder bestehende Vegetation mit den obersten dunklen Bodenbereichen. Je mehr entfernt wird, desto ärmer an Humus ist deine Ausgangssituation und desto weniger Unkraut kann sich entwickeln. Die entfernte humusreiche Erde kann gut bei der Gestaltung von Nutzbeeten (Seite 38ff.) verwendet werden.

Dann wird mageres Substrat aufgefüllt, mit oder ohne Dränagekern. Da in der Natur Magerstandorte auch oft gut Wasser ableiten, ist der Einbau einer Dränageschicht aber sinnvoll und erzielt auf längere Sicht die besseren Ergebnisse. Die Dränageschicht besteht aus durchlässigem Material, wie groben Steinen oder Bauschutt. Über die Jahre setzt sie sich durch feines, nach unten rieselndes Material von selbst zu. Auf kleineren Flächen kann ein Vlies diesen Prozess verhindern. Ich persönlich möchte Plastik möglichst im Garten vermeiden und so hat sich Schutt aus Dach-Tonziegeln als Dränageschicht am besten bewährt. Die Bruchstücke der Ziegel richten sich von allein horizontal aus und erschweren das Verschlämmen von Feinmaterial nach unten beträchtlich. Diese Schicht kann bis zu 30 cm mächtig sein – je höher, desto zuverlässiger und länger wird sie ihre Funktion erfüllen können.

Obenauf kommt das Substrat, in welches die Pflanzen gesetzt oder gesät werden: je humusärmer, desto besser. Auch absolut „humusfrei", wie etwa reiner Sand, Kalk- oder Basaltschotter, ist möglich und erzielt spektakuläre Ergebnisse. Die Schichtdicke beträgt im Schnitt um die 20 cm. Je höher die Schicht, desto länger wird Niederschlagswasser gehalten; je niedriger die Schicht, desto schneller wird das Substrat austrocknen – das wirkt sich erheblich auf die dort pflanzbare Flora aus.

Das richtige Substrat

Wichtig ist das Vorhandensein eines sogenannten 0-Anteils im Substrat. Das ist feines Material, feiner als Sand, der die Lücken zwischen dem gröberen Material auffüllt. Hier wachsen die Wurzeln der Pflanzen. Der Rest darf von der Körnung gerne größer sein, bis hin zu Steingröße. Im Baustoffhandel werden Sande, Splitte oder Schotter, die diese Bedingungen erfüllen, in der Regel mit Zahlenkombinationen beschrieben. So bedeutet etwa Schotter 0/40 hier kommen in dem Gemisch neben dem 0-Anteil auch Steine bis zu 40 mm Größe vor. Die Zahlenkombination gibt aber keine Gewichtung an, mit welchem Anteil die einzelnen Größen in der Mischung vorhanden sind. Der 0-Anteil braucht für den gewünschten Effekt nur etwa 10 % des gesamten Materials auszumachen. Sogenannte gewaschene Sande oder Schotter sind

---

ZAHLEN & FAKTEN

Dachziegelschutt ist leicht und oft umsonst bei Dachumdeckungen zu bekommen. Halte einfach die Augen offen oder frage bei Dachdeckerfirmen nach. Tondachziegel sind vollkommen unbedenklich und werden, zu Granulat zerschreddert, in vielen Gärten verwendet.

Ganz ohne Konkurrenz durch die „genialen" Pflanzen, können sich die einheimischen Blumen gerade auf mageren Böden hervorragend etablieren.

ungeeignet, da dort der 0-Anteil fehlt. Sie werden mit nur einer Zahl gekennzeichnet, Schotter 32 etwa. Die Zahl 32 bedeutet dann, der Schotter besteht vorwiegend aus Steinen mit durchschnittlich 32 mm Kantenlänge.

Die Bepflanzung

Kauf dir einfach einheimische in Töpfen vorgezogene Pflanzen – welche sich gut eignen, erfährst du auf der nächsten Seite. Raue das Wurzelwerk mit einer Harke auf und setze es in die Substratschicht. Die Erde, die an den Wurzeln haften bleibt, ist in der Regel vollkommen ausreichend, um ein gutes Anwachsen zu gewährleisten.

Auch Direktaussaat ist möglich. Hier musst du dich aber gut um die kleinen Keimlinge kümmern. Oft fehlt ihnen bei Sonnenschein schnell das Wasser, und regelmäßiges Gießen ist in den ersten Wochen notwendig. Ein Saatbett aus einer geringen unkrautfreien Humusschicht stabilisiert ein wenig die Feuchtigkeit über einen längeren Zeitraum, bringt aber auch ungewollten Humus mit ein. Samen und Keimlinge sind stark von Fraß durch Vögel oder Schnecken betroffen.

Bis alle Pflanzen gut eingewachsen sind, vergeht eine gewisse Zeit. Hier kann regelmäßiges Gießen notwendig sein. Sind die Pflanzen etabliert und die Wurzeln weit verzweigt – dies kann bei dränierten Flächen bis zu einem Jahr dauern –, kannst du dir auch diese Arbeit sparen. Über die Jahre werden sich Pflanzen, die sich an dem Standort wohlfühlen, über Selbstaussaat weiter verbreiten.

Die Pflege

Die regelmäßige Pflege reduziert sich auf das Abschneiden und Entfernen des Pflanzenmaterials einmal im Jahr, und zwar im Herbst oder bis spä-

Sollen einheimische Tiere unterstützt werden, kommst du an einheimischen Pflanzen nicht vorbei, egal woher du selbst stammst.

testens 1. April des Folgejahres. Sollten sich Pflanzen zu stark vermehren oder im Übermaß angesiedelt haben, können diese mitsamt der Wurzel entfernt werden. Der Aufwuchs ist in einem gut angelegten Magerbeet relativ niedrig und gering. Je höher der Humusgehalt, desto üppiger wird das Wachstum. Ließe man das organische Material auf der Fläche verrotten, würde das Magerbeet irgendwann in ein Ruderalbeet (Seite 20) übergehen.

Variante: Spaltenbeet

Die Idee eines Spaltenbeetes nutzt vorhandenes Material und schafft ein Beet, das bizarr und anregend zugleich den Betrachter in den Bann zieht. In den hohen Lagen der Gebirge über der Baumgrenze findet sich nur noch Stein und Schotter. Die heimischen Pflanzen dort sind sowohl Hungerkünstler als auch Temperaturallrounder. Wind und Wetter ausgesetzt, finden sich hier die wohl spektakulärsten Blüten unserer Heimat. So etwas kann nachgebaut werden!

Hebe zuerst eine Grube von 40 cm Tiefe aus. Dränagerohre und große Steine sorgen für den notwendigen Wasserabzug in der Tiefe. Eine Schicht Schotter oder ein Sandbett halten den ersten schmalen, flachen Stein an Ort und Stelle. Er wird senkrecht hineingestellt. Nun muss gewissenhaft jeder weitere flache Stein parallel angereiht werden, die Steine haben dabei einen Abstand von 3–5 cm. Die Zwischenräume füllst du mit Kieselsteinen. Zum Schluss füllst du alles mit Pflanzsubstrat auf. Die Steine wirken als Windbrecher und leiten Feuchtigkeit schnell nach unten. Eine Vielzahl an wunderschönen Pflanzen kann hier einziehen, zum Beispiel Leimkräuter, Hauswurz, Steinbrech, Glockenblumen, Alpen-Primel, Seifenkraut, Sandkraut und Enzian.

Variante: Sukkulentenkasten für den Balkon

Auf einem sonnigen Balkon kannst du im Kleinen ein Beet mit trockenheitsresistenten Pflanzen anlegen. Der Aufbau erfolgt wie bei einem Magerbeet am Boden. Ist der Balkon regengeschützt, kannst du dir eine Dränage sparen. Gegossen wird wenig, denn die verwendeten Pflanzen sind genügsam und halten Hitze aus. Wichtig ist eine hohe Frostresistenz der Gewächse, denn im Winter kann es auf einem Balkon richtig kalt werden. Die Pflanzen sollen klein sein und bleiben, um möglichst viele verschiedene Arten davon in einem Kasten unterzubringen. Selbstverständlich sollen die Pflanzen auch blühen und somit Insekten mit ihrem Nektar und Pollen anlocken. Richte dein Augenmerk auf folgende drei Pflanzengattungen, die diese Anforderungen erfüllen: Fetthenne bzw. Mauerpfeffer (*Sedum*), Hauswurz (*Sempervivum*) und, wer mag, bis minus 15 °C winterharte Opuntien (*Opuntia*). Sie lassen sich beliebig kombinieren und arrangieren. Kleine Totholzstücke und schöne, besondere Steine geben deinem Sukkulentenbeet den letzten Schliff.

Durch die Spalten in der Tiefe ist eine gute Dränage garantiert. Hier finden kleine pflanzliche Kostbarkeiten ihren Platz.

PFLANZEN FÜR DAS MAGERBEET

DIE TAUBEN-SKABIOSE
Scabiosa columbaria

Diese filigrane Schönheit lässt ihre hellvioletten Blütenköpfe von Juli bis September schweben. In bis zu 60 cm Höhe bieten die Blüten einer großen Vielzahl von Wildbienen und Schmetterlingen, wie dem Schachbrett, Nektar und Pollen an. Ganz besonders gern tummeln sich auch einige der auffällig schönen Widderchen auf der ausdauernden Pflanze. Einige Wildbienenarten sind auf Pflanzen der Familie Dipsacaceae, zu der die Skabiose gehört, spezialisiert; sie sammeln ausschließlich hier ihre Pollen für die Brut. Die Tauben-Skabiose ist nicht aufdringlich, völlig anspruchslos und pflegearm.

NICKENDE DISTEL
Carduus nutans

Eine Distel ist nichts Außergewöhnliches? Disteln, egal welche, sind für eine große Zahl an Insekten wichtige Nahrungsquelle. Die Nickende Distel ist dabei noch eine besondere Schönheit. Sie blüht im zweiten Jahr von Juli bis September. Dabei erreicht sie eine stattliche Höhe von bis zu 1 m. Ihre fast kugeligen, purpurroten Blütenköpfe enthalten über 100 einzelne Röhrenblüten, die einen süßlichen Duft verströmen. Viele Bienen und Schmetterlinge, auch Schwebfliegen, besuchen sie; und wenn dann die fettreichen Samen reif sind, ist es eine Freude, Distelfinken und andere Vögel beim Naschen zu beobachten.

GEWÖHNLICHER DOST, WILDER MAJORAN
Origanum vulgare

Dost blüht von Juli bis September in zartem Rosa. Dann nutzen ihn mindestens 70 Falterarten als bevorzugte Nektarquelle, darunter Kleiner Fuchs, Kaisermantel, Tagpfauenauge, Ochsenauge oder Landkärtchen. Mindestens elf Falterarten schätzen ihn als Raupenfutterpflanze, drei davon sind sogar eng an ihn gebunden. Auch Schwebfliegen, Honig- und Wildbienen kommen ans Buffet. Von den Wildbienenarten nutzen mindestens vier die Pollen als Nahrung für ihre Brut. Einmal im Garten, taucht die bis zu 40 cm hohe Pflanze an vielen Ecken auf und wird mitunter „besitzergreifend", lässt sich aber gut entfernen.

RUNDBLÄTTRIGE GLOCKENBLUME
Campanula rotundifolia

Sehr apart lässt diese anmutige kleine Wildstaude ihre blauen Glöckchen nickend im Wind schaukeln. Zierlich, mit 10–40 cm Höhe und dabei robust und genügsam, blüht die ausdauernde Rundblättrige Glockenblume von Juni bis September. Sie kann dichte, üppige Bestände bilden, ohne dabei zu erdrücken. Wie alle Glockenblumen ist sie für eine große Zahl von Wildbienen eine sehr wichtige, teilweise sogar die einzige Nahrungsquelle.

DAS SCHATTENBEET

NARZISSEN SIND MIT IHREM VEGETATIONSZYKLUS SCHON FERTIG, WENN DAS LICHT DURCH ZUNEHMENDES LAUB SCHWINDET. ZUMINDEST IM FRÜHJAHR BRINGEN SIE FARBE IN DEN SCHATTEN.

Alle Pflanzen benötigen zum Wachstum und letztendlich zur Samenbildung ausreichend Sonnenlicht. Doch dieses Licht ist ungleichmäßig verteilt. Erhalten die Pflanzen nicht so viel Licht, wie sie brauchen, strecken sie sich, werden länger und erreichen wieder mehr Licht – oder sie gehen mit der Zeit ein. Du kennst diesen Vorgang, wenn du schon einmal Tomaten vorgezogen hast. Lange, dünne Triebe an schwachen Stängeln bilden sich, wenn die Pflanzen nicht an einem großzügigen Südfenster stehen.

In der Natur gibt es etliche Stellen, die eher schattig als sonnig sind. Bäume und Sträucher wachsen so hoch hinaus, dass schon weit oben das meiste Licht abgefangen wird. Der dunkle Nadelwald ist sprichwörtlich. Schlagschatten von Gebäuden oder Mauern haben den gleichen Effekt.

Und trotzdem wachsen an vielen dieser Stellen etliche Pflanzen. Entweder sie nutzen das Licht im Frühjahr in einer kurzen Vegetationsperiode aus, bevor die Laubschicht endgültig zumacht. Oder sie haben sich angepasst und werden genügsam, was die verwertbare Lichtmenge anbelangt. Unter oder am Rand von Hecken oder im Wald kannst du auf humosem Boden, der durch den jährlichen Laubfall und dessen Verrottung entsteht, diese geheimnisvolle Pflanzenwelt kennenlernen.

Erkläre einfach einen Teil deiner Hecke zu einem

Schatten-Waldbeet und grenze es zu anderen Bereichen ab. Am leichtesten bringst du hier Farbe und Leben durch Zwiebelpflanzen, wie etwa Narzissen, Winterlinge, Lerchensporn, Buschwindröschen, Krokusse und Schneeglöckchen ein. Im Herbst werden Blumenzwiebeln in großer Auswahl angeboten. Zusätzlich kannst du vorgezogene Pflanzen setzen. Oder du nimmst dir ein paar Samen von den Pflanzen ab, die du auf deinen Spaziergängen in Wald und Wiese findest, und ziehst sie vor.

Beete mit noch weniger oder kaum Licht kannst du im Vollschatten eines Gebäudes oder einer Mauer anlegen. Hier in den dunkelsten Ecken deines Gartens kannst du keine üppige Blütenpracht erwarten. Aber die Welt der Farne und Moose siedelt sich leicht an, wenn viel Stein und Totholz verarbeitet wurden. Du kannst das Material aufschichten oder eingraben. An allen geeigneten Stellen wird sich Wachstum einstellen, wenn es nicht zu trocken ist.

Variante: Stumpery

Im englischsprachigen Raum ist diese Art der Gartengestaltung viel stärker verbreitet als bei uns. Der Name der Beetform kommt von *stump*, Baumstumpf. Alte Wurzelstöcke oder Baumstümpfe, groß, riesig und ausladend, Totholz in fantasieanregenden Formen, gebogene und in Form gebrachte Äste und Käferkeller (mehr dazu im Kasten) in allen Optionen werden spektakulär im Garten drapiert. Von der Natur erobert, entstehen bald geheimnisvolle Ansichten: Ist hier ein Hexengesicht im vermodernden Holz zu erkennen? Wer wohnt in dieser vermoosten Höhle? Vielleicht klettert ein Feuersalamander träge über den regennassen Untergrund. Moos überdeckt die Spuren der Zeit, Farne durchbrechen mit ihren filigranen Wedeln den Schatten. Es ist ein wunderbares Eck in einem Garten, die Stumpery – der richtige Ort zum Träumen.

Der Zahn der Zeit nagt am Totholz und zaubert bizarre Gestalten. Moose, Farne und andere Pflanzen erobern ihren Platz.

KÄFERKELLER

Ein Lebensraum für etliche Käferlarven: Hier wachsen eindrucksvolle Insekten wie Nashorn- und Hirschkäfer oder Balkenschröter heran. Ein Loch im Boden, mindestens je 50 cm tief und breit, wird mit Astmaterial, Stämmen und anderen Holzresten gefüllt, die Zwischenräume mit Häckseln aus Zweigen zugeschüttet. Die Bodenfeuchte beschleunigt die Verrottung.

PFLANZEN FÜR DAS SCHATTENBEET

GRÜNE NIESWURZ
Helleborus viridis

Sie ist ein ungewöhnlicher Anblick: Diese ausdauernde Pflanze zeigt sich ungewohnt auch in den Blüten ganz in Grün! Ein helles, zartes Grün, welches so früh im Jahr ein richtiger Lichtblick ist. Ab März blüht die Nieswurz und wird dabei 40 cm, selten bis zu 60 cm hoch. Sie ist giftig! Für Bienen und Hummeln aber ist sie ein wichtiger Frühblüher, der ihnen Energie für den Nestbau und die Familienplanung gibt. Die Grüne Nieswurz ist zudem eine besonders geschützte Art und auch botanisch eine Kostbarkeit, da ihre Bestände in der Natur sehr stark zurückgegangen sind. Ameisen helfen bei der Verbreitung.

FRÜHLINGS-PLATTERBSE
Lathyrus vernus

Von April bis Mai, also im Übergang von Frühling zu Frühsommer, zeigt sich diese zarte Schönheit. Sie wird selten größer als 40 cm. Für Hummeln, Honig- und Wildbienen ist sie Nahrungsquelle, wobei es Hummeln gibt, die sich als Nektarräuber entpuppen. Das heißt, sie beißen die Blüten einfach hinten auf, anstatt sich von vorn zu bedienen – somit entfällt die Bestäubung. Die nickenden Schmetterlingsblüten entwickeln eine starke Leuchtkraft, besonders im Halbschatten. Die Blütenfarbe ändert sich von Pink über Violett zu Blau, die Knospen erscheinen dagegen oft gelblich. Später zieren die Hülsenfrüchte.

WALD-ENGELWURZ
Angelica sylvestris

Eine prächtige Wildstaude, die unter günstigen Bedingungen leicht 1,50 m groß wird. Aus Samen gezogen kann es mehrere Jahre dauern, bis sie blüht. Blütezeit ist von Juni bis September, dann erreichen ihre wunderschönen Doldenblüten einen Durchmesser von bis zu 20 cm mit vielen kleinen weißen, häufig rosa überhauchten Einzelblüten. Sie bitten eine Vielzahl von Wildbienen, Schwebfliegen und Käfern zum Buffet. Nach der Blüte stirbt die Pflanze leider ab.

WALDREBE
Clematis vitalba

Die heimische *Clematis* ist eine der wenigen Lianen Westeuropas. Sie schlingt sich in Höhen von bis zu 6 m und kann dabei sehr ausladend werden. Sie blüht von Juli bis September und bietet dabei Pollen sowie Nektar. Mit ihrem etwas markanten Duft lockt sie insbesondere Fliegen und Käfer zur Bestäubung, auch die Honigbiene, weniger die Wildbienen. Dafür ist sie Raupenfutterpflanze für über 30 Schmetterlinge, sieben davon fressen keine anderen Pflanzen und sind somit von der Waldrebe abhängig. Die hübschen flaumigen, silbrig weißen Samenstände haften bis zum Frühjahr an den Zweigen.

DAS SAUMBEET

Die Akelei ist eine typische Saumpflanze. Mit einer breiten Farbpalette der Blüten lassen sich eindrucksvolle Akzente am Fuß einer Benjeshecke setzen.

Jede Medaille hat bekanntlich zwei Seiten: „Wo Schatten, da auch Licht!", denn irgendwann hört der Schatten auch wieder auf, und die Sonne erreicht den Boden. So ist es mit Hecken, Gebüschen oder am Waldrand. In unserer Kulturlandschaft bilden diese Übergangsbereiche einen weiteren Lebensbereich: die sogenannte Hochstaudenflur. Der Boden ist hier durch den Laubfall der größeren Pflanzen humos und trocknet nicht ganz so schnell aus, idealer Wohnort für eine Reihe von interessanten Pflanzen also.

In deinem Garten hast du vielleicht bereits die richtigen Bedingungen für so ein Saumbeet. Die Südseite deiner Hecke wäre zum Beispiel ein idealer Platz. Du kannst solche Voraussetzungen aber auch ganz leicht mit einfachen Mitteln schaffen, indem du eine sogenannte Benjeshecke (Seite 66) errichtest. Bei einer Ost-West-Ausrichtung und einer Höhe von mindestens 1,20 m ist die eine Seite intensiver Sonneneinstrahlung ausgesetzt, die andere Seite ist schattig. Somit erhält man zwei verschiedene Lebensbereiche: Die eine Seite wird ein Schattenbeet, die andere ein sonniger, üppig bewachsener Saum.

Saumbeete am Nutzgarten

Je nachdem, wie du deine Nutzbeete anlegst, kann so ein Saum auch am Rande von diesen entstehen.

Der höhere Nährstoffgehalt bei deinen Gemüsebeeten und der durchs Gießen nie ganz trockene Boden schaffen ähnliche Bedingungen wie am Übergang von Sträuchern zu freier Fläche. So kann ein Saum auch zur Einfassung oder Beetbegrenzung werden. Dabei solltest du aber darauf achten, dass die Pflanzen des Saumes deine Nutzpflanzen nicht beschatten. Geschickte Pflanzenwahl kann dir sogar dabei helfen, Quecke und Co. in Schach zu halten. Gegen so manch starke Saumpflanze haben selbst diese "genialen" Pflanzen kaum Chancen.

Gegen Unkräuter

Legst du einen Saum ganz neu an, kann es durchaus hilfreich sein, die Wurzelunkräuter wie Ampferarten, Quecke und die „üblichen Verdächtigen" zuallererst so gut es geht zu entfernen. Auch das Einarbeiten von regionalen Sanden in den Boden und das damit einmalige, leichte Abmagern ist hilfreich, damit sich deine neuen Pflanzen erst einmal ohne Konkurrenz gut etablieren können. Einmal eingewachsen sind sie dann stark genug, um sich zu behaupten. Dabei sind sie auch noch recht pflegearm.

Pflanzen für ein sonniges Saumbeet	Info
Wald-Erdbeere (*Fragaria vesca*)	kann leicht größere Flächen bedecken und erfreut mit süßen Gaumenfreuden bis in den Herbst hinein
Roter Fingerhut (*Digitalis purpurea*)	imposante Blüten, ideal für Hummeln, wenn einmal etabliert im Garten: zuverlässige Selbstaussaat
Pfirsichblättrige Glockenblume (*Campanula persicifolia*)	apartes Blau, etliche Wildbienenarten nutzen ausschließlich Glockenblumen und schlafen auch in den Blütenkelchen
Herzgespann (*Leonurus cardiaca*)	absoluter Insektenmagnet, ausdauernd, vermehrt sich leicht selbst, bildet hohe Horste
Tüpfel-Johanniskraut (*Hypericum perforatum*)	Pollen sind sehr beliebt bei kleinen Wildbienenarten, öffnet die Blüten zuverlässig zur Sommersonnenwende
Wilde Karde (*Dipsacus fullonum*)	starke Wirkung auf Schmetterlinge, die Samen werden gern vom Stieglitz geerntet
Rotfrüchtige Zaunrübe (*Bryonia dioica*)	bestäubt durch die Zaunrüben-Sandbiene, die nur diese Pflanze besucht, die roten Beeren schmecken vielen Vögeln

DAS SUMPFBEET

Der Bach-Nelkenwurz, auch Blutströpfchen genannt, ist ein Feuchtezeiger und verschwindet immer mehr, genauso wie seine Besucher die Hummeln.

Mit der Klimaveränderung werden unsere Städte immer wärmer und trockener. Wasser verdunstet schnell. Der Lebensraum, der in unserer Natur beständige oder langanhaltende Feuchte bieten kann, wird immer seltener – Pflanzen und Tiere, die darauf angewiesen sind, haben es zunehmend schwerer. Du kannst ihnen mit dem Nachbau dieses wunderbaren Biotops direkt helfen.

Da nur sehr selten die Umstände so günstig sind, dass Wasser nach einem Niederschlag lange an einer Stelle stehen bleibt, ohne zu versickern, wirst du um die Verwendung einer Folie nicht herumkommen. Die Vorgehensweise ist so ähnlich wie bei der Anlage eines Folienteiches (Seite 102). Der ökologische Übergang zu einem flachen Teich mit freier Wasserzone ist bei einem Sumpfbeet sowieso fließend.

Ein Sumpfbeet anlegen

Du gräbst an einer geeigneten Stelle eine flache Kuhle, 20 cm Tiefe reichen schon aus. Ein Durchmesser von 1 m ist das Minimum, aber doch ausreichend. Gerne kannst du dein Projekt aber auch größer und tiefer planen. Wichtig ist ein möglichst flaches Gefälle. Darin verlegst du zuerst ein Vlies und dann eine Teichfolie. Die Folienränder kannst du leicht mit Totholz oder Steinen kaschieren.

Jetzt bleibt es dir überlassen, ob du dein Projekt zunächst als Teichlein startest, das durch natürliche Sukzession von allein zum Sumpf wird. Falls dies dein Weg ist, fülle Wasser hinein, setze ein paar Wasserpflanzen ein und warte mit der Sumpfbepflanzung noch ein paar Jahre. Eine Seerose, schwimmendes Laichkraut oder Krebsschere erfreuen dich in der Übergangszeit. Etliche Tiere werden diesen kleinen Teich als Tränke oder Lebensraum nutzen. Er wird sich über die Zeit mit Laub und anderem organischen Material füllen. Zersetzende Wassertiere siedeln sich an und arbeiten dies alles zu hochwertigem Schlamm am Bodengrund um. Die Dicke der Schlammschicht nimmt zu und das Volumen des freien Wassers geht zurück – der natürliche Prozess der Verlandung. Übrigens: Willst du den Teich erhalten, musst du diesen Schlamm regelmäßig, am besten im zeitigen Frühjahr, entfernen.

Die Bepflanzung

Hat sich genügend Schlamm gebildet, ist die Zeit der Sumpfpflanzen gekommen. Gekauft und ausgetopft, sind sie leicht im schlammigen Untergrund am Rand des Sumpfbeets verankert. Eventuell beschwerst du den Wurzelballen mit ein paar Steinen. Sumpfpflanzen stehen nicht immer im Wasser, sondern haben nur ihren Fuß im feuchten Schlamm. Sie erobern einen Teich also vom Ufer aus und arbeiten sich immer mehr in die Mitte des Gewässers vor, bis zum Schluss nichts mehr von freiem Wasser übrig bleibt.

Die Pflege

So ein Sumpfbeet kann für kurze Zeit zwar auch einmal austrocknen, dennoch ist natürlich Feuchte das A und O. Es trocknet seltener aus, wenn das Beet nicht in voller Sonne liegt. In langen Trockenphasen solltest du Wasser nachfüllen. Elegant gelöst ist dies mit einem Bachlauf, der einen Anschluss an die nächste Dachrinne hat. So kannst du das Regenwasser direkt und optimal nutzen. Ein paar Gießkannen Wasser zur rechten Zeit erfüllen aber denselben Zweck. Zu üppiges Wachstum kann beizeiten zurückgeschnitten werden.

Für Ungeduldige

Wenn du ungeduldig bist und nicht so lange auf die natürliche Entwicklung warten willst, füllst du einen Teil deiner Aushuberde, vermischt mit organischem Anteil wie Laub oder Moos, ein und verkürzt so künstlich die Lebensdauer deines Teiches.

Pflanzen für das sumpfbeet	Info
Beinwell (*Symphytum officinale*)	glockenartige Blüten in Rotviolett mit magischer Wirkung auf Hummeln, ausladend
Sumpf-Dotterblume (*Caltha palustris*)	die großen Blüten läuten den späten Frühling ein, intensiv gelb blühend, beliebte Naschplätze für Insekten
Herbstzeitlose (*Colchicum autumnale*)	im Volksmund auch „nackte Jungfer" genannt, ihre krokusähnlichen Blüten strecken sich spät im Jahr den letzten warmen Sonnenstrahlen entgegen
Wiesen-Schaumkraut (*Cardamine pratensis*)	der weiße Blütenflor dominiert im Frühling feuchte Wiesen, die Raupen des Aurorafalters fressen die Blütenstände
Gewöhnlicher Teufelsabbiss (*Succisa pratensis*)	Blume des Jahres 2015, sehr selten geworden, zentrale Bedeutung für einige höchst gefährdete Schmetterlinge
Gewöhnlicher Wasserdost (*Eupatorium cannabinum*)	höhere Staude, die sich gut aussamt, auf den zartrosa Blütendolden tummelt sich eine Vielzahl an Insekten
Blut-Weiderich (*Lythrum salicaria*)	leuchtend rotviolette Blütenkerzen im Sommer, sehr beliebt bei Schmetterlingen, erträgt auch phasenweise Trockenheit

NUTZBEETE: GO EATING YOUR PLANTS

„GUTER" BODEN PLUS WÄRME UNTER EINER FOLIE, HIER MIT HASELNUSSZWEIGEN UND DÜNNEN LATTEN ERRICHTET, FÖRDERT DAS WACHSTUM ENORM.

In allen bislang vorgestellten Beetformen spielt „guter" Boden, so wie er im Durchschnittsgarten vorkommt, keine Rolle. Je weniger Humus verwendet wird, desto weniger Angriffsfläche bietet der Garten für Unkräuter, und umso besser kann die Vegetation in den unterschiedlichen Beeten kontrolliert werden. Im Umkehrschluss bedeutet das: Je mehr Humus vorhanden ist, desto weniger kann die Vegetation gezügelt werden und desto mehr Arbeit und Zeit muss man für Pflegearbeiten aufwenden. Welchen Weg du in deinem Garten gehen willst, wird allein durch den Humusgehalt der Beete vorgegeben und nicht durch deine Vorstellungen!

Wenn du nun Nahrungsmittel erzeugen willst, dreht sich das Blatt. In Nutzbeeten musst du alles tun, um möglichst guten Boden aufzubauen und zu erhalten. Deine Nutzbeete sollen wie Staubsauger alles organische Material aufsaugen und verwerten. Das, was in den anderen Beeten zu viel ist, nämlich neu entstehendes organisches Material, ist hier zu wenig. Eine sinnvolle Tätigkeit in einem Garten ist also, einen Energietransfer zu gewährleisten. Ganz einfach ausgedrückt: Du bewegst organische Energie von den Beeten, die mager bleiben sollen, hin zu den Nutzbeeten. Eigentlich ganz einfach.

Energietransfer im Garten

Zunächst solltest du einen Blick dafür entwickeln, wo organisches Material in deinem Garten entsteht, sich ansammelt und von dir leicht zu finden ist. Jedes Laub am Boden, jeder gehäckselte Ast, jeder Rasenschnitt, jede Handvoll ausgerissenes Unkraut ist im Grunde genommen wertvollstes organisches Material und kann für diesen Energietransfer verwendet werden. Es gibt nur eine Richtung, eine Art Einbahnstraße, nämlich hin zu deinen Nutzbeeten!

Material auf eine Grüngutdeponie zu fahren oder in den Bioabfall zu werfen, ist eigentlich ökologi-

> **DIE MULCHWURST**
>
> Das ist eine Rolle, die aus mindestens 15 cm langem Wiesenschnitt oder anderem geeigneten Pflanzenmaterial gedreht wurde. Nebeneinander liegende Rollen decken den Boden im Gemüsebeet ab, halten ihn feucht und verrotten langsam, sodass sie beständig Energie an den Boden abgeben.

scher Wahnsinn. Noch wahnsinniger wird das Vorgehen, wenn die Gärtner, nachdem sie das „Gold" ihres Gartens entsorgt haben, „Gold" in unterschiedlichen Varianten kaufen, sei es als Kunstdünger, Mist oder Spezialerde.

Dein Gartenmaterial kann entweder den Umweg über einen Komposthaufen oder ein Keyhole-Beet (Seite 41) gehen oder es wird direkt in dein Nutzbeet eingearbeitet. Wichtig dabei ist immer eine gute Zerkleinerung des Materials. Das erledigen entweder Würmer in einer Wurmfarm oder du selbst mechanisch mithilfe eines Häckslers.

Eine Wurmfarm beschleunigt den Verrottungsprozess und erzeugt neben guter Erde auch Flüssigdünger. Sie ist nichts anderes als ein separater Komposthaufen in einer geschlossenen Box, der nur dazu dient, Regenwürmer zu füttern. Das geschieht durch beständiges Aufbringen von organischen Materialien, wie Küchenabfällen oder sonstigem saftigen Schnittgut.

Größere Bestandteile werden mit einem Häcksler zerschreddert, damit die Verrottung leichter vonstattengeht. Ein Jauchefass schluckt alles stachlige oder brennende Pflanzenmaterial und produziert so direkt Flüssigdünger. Vielfach lässt sich Material auch zu einer sogenannten Mulchwurst drehen und direkt auf der Fläche ablegen.

Die Mulchwurst: Wo sie liegt, wächst kein Unkraut mehr. Die Nutzpflanzen stehen frei und kontrollieren ihren Pflanzplatz selbst.

ICH BIN AUF DEN MEISTEN ÄCKERN LEIDER NICHT MEHR ZU FINDEN, WEIL ICH LEBENDIGEN BODEN, FREI VON CHEMIE UND MINERALDÜNGER BRAUCHE.

Das Ziel: humusreicher Boden

Ziel ist es, einen gut strukturierten Boden mit hohem organischem Anteil in deinen Nutzbeeten zu erzeugen. Aber Achtung: Nicht alle Gemüsepflanzen brauchen die absolut hochgedüngten Böden zur Entwicklung. Möhren etwa sind schnell überdüngt. Deswegen gehören auf frisch mit Mist gedüngten Böden die Starkzehrer wie etwa Kartoffeln und Weißkohl.

Selbstverständlich werden auf diesen humosen Nutzbeetflächen die Unkräuter nur so sprießen. Auch fremdländische Pflanzen würden auf diesem Traumboden perfekt wachsen. Da du aber Nahrungsmittel pflanzen willst, bearbeitest du den Boden sowieso durch Hacken, Umgraben, Mulchen oder Abdecken mit Mulchwürsten (Seite 39). So hältst du die Unkräuter automatisch unter Kontrolle.

VERGESSENER HELD DES BODENS

Er ist hauptverantwortlich für die Entstehung von Humus. Er frisst Blätter und andere organische Materialien, verdaut und scheidet den perfekten Dünger aus. Seine Tunnel reichen bis zu 4 m in die Tiefe, lüften und lockern den Boden. Regenwasser dringt tief ein und wird gespeichert.

Variante: Keyhole-Beet

Das Keyhole-Beet, übersetzt Schlüsselloch-Beet, ist eine geniale Idee, die in der Permakultur häufig verwendet wird. Es handelt sich dabei um ein rundes erhöhtes Beet, in dessen Mitte ein Komposthaufen sitzt. Um diesen Kompost bequem auffüllen zu können, wird ein Zugang im umgebenden Beet eingerichtet – so entsteht die namensgebende Schlüsselloch-Form.

Der Komposthaufen nährt mit seiner Rotte das umgebende Beet. Die Pflanzen holen mit ihren Wurzeln die Energie direkt aus der Mitte, und auch Regenwürmer und andere kleine Tiere verlagern die Nährstoffe in die Außenbereiche des Beetes. Der zentrale Kompost wird nur immer wieder weiter aufgefüllt mit gemischten organischen Abfällen. Auch Heu oder Staudenschnitt finden den Weg dorthin und lockern die Mischung auf. Wenn der Kompost nicht mehr weiter zusammensackt, ist genügend Material vorhanden, und du kannst den Inhalt in der Tiefe aussieben. Dazu musst du aber leider umständlich in den Komposthaufen hineinsteigen und ein klein wenig schaufeln. So gewinnst du aber perfekte Anzuchterde, die du sonst gekauft hättest. Tomaten oder Kürbis wachsen in dieser nährstoffreichen Erde perfekt und sicher vor den späten Nachtfrösten im Haus heran. Alle groben ausgesiebten Bestandteile wirfst du wieder in die Mitte zurück und lässt sie weiter verrotten.

Der Komposthaufen ist das zentrale Element. Ein Zugang und ein umliegendes Hochbeet machen das Keyhole-Beet komplett.

BEETBEGRENZUNGEN

Es erleichtert das Gärtnern, wenn Beete abgegrenzt sind. Außerdem ergibt sich eine optische Wirkung mit gestalterischen Aspekten. Aber auch eine logistische Dimension: Dann wird dir einfach klar, hinter der Abgrenzung passiert dieses oder jenes; und du weißt dann einfach besser, was in den einzelnen Beeten zu tun ist und kannst es auch deinen Kindern und dem Partner oder der Partnerin leichter vermitteln.

Aus Holz

Äste und dicke Zweige kannst du leicht bei Pflegearbeiten in deinem eigenen Garten gewinnen. Im Frühjahr und Herbst wird überall gestutzt und geschnitten. Stämme oder Totholz sind eventuell auch bei Fällungsaktionen in unmittelbarer Nachbarschaft abzustauben. Oft sind Nachbarn froh, wenn sie ihr Material nicht auf die Grüngutdeponie fahren müssen wie gewohnt. Osterfeuer und kommunale Lagerplätze sind oft eine wahre Goldgrube, was wunderbares Holz zur Weiterverwendung anbelangt. Geduldiges und freundliches Nachfragen eröffnet immer wieder die Möglichkeit, gratis an solche Schätze zu kommen.

Aus Stein und Ziegeln

Ein weiterer toller Platz für Gratis-Material ist die Bauschuttdeponie. Hier wird alles aus Stein entsorgt. Es ist oft verwunderlich, wie leicht und schnell sich die Menschen von Materialien trennen, die sie ein paar Jahre zuvor teuer gekauft haben. Der Hof soll neu gepflastert werden, kein Problem, alles ist schnell rausgerissen und neu gemacht. Pflastersteine, Ziegel, Randbegrenzungen, Dränagematerial, oft auch Natursteine in tollster Qualität landen auf der Deponie und sind, einmal mit schweren Maschinen eingeebnet, für immer verloren. Freundlich gefragt (und dabei den Abladeverkehr nicht behindern!) ist so manches Personal der Deponie bereit, dir zu erlauben, deinen Kofferraum oder Hänger vollzuladen.

Dachziegel sind vielseitig einsetzbar, als Dränagematerial oder als Gestaltungselement. Oft finden sich Ziegel auf Paletten geschichtet irgendwo vergessen hinter einem Schuppen oder einer Garage. Sei einfach mutig und traue dich, am Haus zu klingeln und zu fragen, was mit den Ziegeln passiert. Sehr oft sind die Besitzer froh, wenn jemand kommt und das Material abholt. Regelmäßig wird bei solchen Übergaben auch noch auf anderes Material hingewiesen, welches zu verschenken wäre. Auch bei Kleinanzeigen in der Zeitung und im Internet werden regelmäßig Ziegel gegen Abholung angeboten.

Aus Weide und Co.

Mit Weidenruten oder anderen gerade gewachsenen Ästen, wie etwa von Haselnuss oder Hartriegel, kannst du kreativ wunderbare Einfassungen gestalten – mehr dazu im Kapitel Lebendige Weidenzäune (Seite 70).

UNTERSCHIEDLICHE MATERIALIEN KÖNNEN KREATIV EIN BEET ABGRENZEN, SELBST TOPFDECKEL SIND ERLAUBT.

Bloß nicht kitschig

Theoretisch kann jegliches Material wiederverwendet und als Abgrenzung eingesetzt werden. Doch Vorsicht bei Materialien, die nicht aus Holz oder Stein sind. Die Grenze der Kreativität kann schnell in Richtung Kitsch überschritten werden. Blechreiher, Metall-Windspiele, Leuchtdioden und anderes Zeug bleiben lieber in der Umgebung von Thuja und Rasen verbaut als in deinem Garten.

AUS RASEN WIRD WIESE

Samstagsvormittags reißt dich ein Geräusch aus einem schönen Traum: Rasenmäher überall. Ziel ist der grüne Teppich für den Außenbereich. Jeder Garten gleicht dem anderen; jegliche Individualität wird ausgemerzt. Was ist nur passiert, dass die bunte lebendige Wiese heute nichts mehr wert ist? Dabei gibt es in unserer heimischen Natur kaum etwas, das so faszinierend ist wie eine bunte blühende Wiese – so voller Leben.

→ aus rasen wird wiese

VON MONOTON ZU VIELFÄLTIG

EINHEIMISCHE PFLANZEN SIND ÜBERALL! SCHREIBE IHRE NAMEN MIT KREIDE AUF DEN BÜRGERSTEIG, MACH SIE SICHTBAR UND RÜCKE SIE IN DAS BEWUSSTSEIN DER MENSCHEN.

In unseren Gärten – und übrigens auch in der Landwirtschaft – hat es eine Vereinheitlichung der Böden hin zu „fett und nährstoffreich" gegeben. Die „genialen" Pflanzen (Seite 17) freut es; sie können die „zentralen" Pflanzen – die Pflanzen, die dir wichtig sind (mehr dazu im Kasten) – so immer mehr verdrängen. Es ist Zeit, gegenzusteuern!
Je vielfältiger deine Wiese an verschiedenen Blumen sein soll, desto aufwendiger ist zwar der Arbeitseinsatz bei der Anlage. Das Endergebnis ist immer pflegeleichter als ein Rasen!

DIE „ZENTRALEN" PFLANZEN

Der Begriff „zentral" bezieht sich auf den ökologischen Nutzen. Aber jede Zielsetzung verlangt nach einer eigenen Vegetation. Die zentralen Pflanzen spielen für Tiere eine wichtige oder gar entscheidende Rolle, sind aber nicht für alle Tiere gleich: Der Wert der Pflanzen richtet sich nach den Ansprüchen der Tiere, die man unterstützen will.

Gar nicht so makellos

Ein grüner Rasenteppich im Garten scheint für viele der ultimative Beweis, dass sie zu den fleißigen Gärtnern zählen, der Stolz der Nachbarschaft. Wehe, irgendeine Pflanze taucht auf, die das makellose Grün unterbricht. Dann werden weder Arbeit, Kosten noch Zeit gescheut, um es wieder in Ordnung zu bringen. Mit Lärm, Abgasen, Wassersprengern und vielfacher Ressourcenverschwendung wird ein sinnloser Zustand erhalten, der oft gar nicht so makellos schön daherkommt, wie es sich die Besitzer wünschen. Im Sommer zeigen gelbe und braune Flecken den Wasser- und Hitzenotstand an, über den Winter breitet sich wieder das Moos aus; und am Löwenzahn hat sich schon so mancher Gärtner die Zähne ausgebissen.

Schon schön gescheitert?

Etliche Gartenbesitzer haben schon einmal probiert, eine bunte Blumenwiese anzulegen. Knallige Fotos auf günstigen Samenpackungen suggerieren Erfolg. Der Gartenboden wurde aufgerissen, vielleicht gewendet und gerecht, die Samen vorschriftsmäßig ausgebracht. Trotzdem ist das Projekt gescheitert. Die Ausgangssituationen waren in diesem Fall nicht günstig. Die hauptsächlich fremdländischen Samen der einjährigen Pflanzen sind meist nicht frosthart und überleben den Winter nicht. Der Konkurrenzdruck der Unkräuter gegenüber den auflaufenden Sämlingen war wegen des „guten" Ausgangsbodens zu hoch. Wenn überhaupt bunte Blumen aufgetaucht sind, sind sie über die Jahre wieder verschwunden.
Günstige fremdländische Samen führen niemals zu dauerhaftem Erfolg. Wenn du in der Natur Samen sammelst, merkst du, wie lange es dauert und wie aufwendig es ist, eine Handvoll reinen Samen zu gewinnen. Das hat einfach seinen Preis! Einfach wachsen lassen funktioniert ebenfalls nicht. Wenn eine Fläche nicht gemäht wird, bleibt das organische Material, welches letztendlich durch die Kraft der Sonne und den Prozess der Photosynthese gebildet wurde, an Ort und Stelle stehen oder liegen und verrottet. So düngt sich der Boden selber auf und die „genialen" Pflanzen beginnen zu dominieren.

Gute Saatgutmischungen erkennt man daran, dass alle Arten namentlich genannt sind, keine fremdländischen Arten vorkommen und seltene Arten mit von der Partie sind.

Das Mähgut der Wiese kann zu Mulchwürsten gerollt sofort als Energieträger aufs Gemüsebeet. Unkräuter werden so unterdrückt und die Wiese wird nicht unnötig gedüngt.

Die Vernetzungen der Natur

Es ist schwer, eine Rangliste der wichtigsten Pflanzen aufzustellen, denn alle haben im großen Kreislauf des Lebens ihren Sinn. Auch die Brennnessel und der Löwenzahn sind sehr nützlich für die Natur, aber sie kommen noch genügend vor in unserer Landschaft und brauchen unsere Fürsorge nicht. Deswegen sollte man sich den Pflanzen widmen, die selten geworden sind, die verdrängt werden oder auf ganz spezielle Sonderstandorte angewiesen sind. Sie spielen für die Tiere eine wichtige oder sogar entscheidende Rolle und somit für deren Überleben.

Heimische Pflanzen haben sich im Wechselspiel mit den heimischen Tieren entwickelt. Auf vielfältige Weise sind sie alle miteinander verbunden und in ihrer Existenz voneinander abhängig. Das erschließt sich oft erst bei intensiver Betrachtung. Ein Beispiel: Der Laubfrosch ist eine Amphibie, die mit ihren Haftfingern sehr gut klettern kann. Sie geht hauptsächlich einige Meter über dem Boden in Hecken auf Insektenjagd, um dem Konkurrenzdruck anderer Insektenfresser am Boden zu entgehen. Die These, dass dem Laubfrosch mit einer bunten Blumenwiese nicht geholfen werden kann, ist zunächst einleuchtend. Er braucht eine

DAS SECHSECK-WIDDERCHEN, EIN ROTSCHWARZER FALTER, LIEBT DEN HEIMISCHEN ZIEST AUCH FÜR EIN INTIMES DATE.

ZAHLEN & FAKTEN

In Deutschland gibt es ungefähr 4500 einheimische Pflanzenarten. Dem steht das kleine Standardsortiment an etwa 60 fremdländischen Pflanzengattungen der Gartencenter und Baumärkte gegenüber, die in der kurzen Zeit ihrer Verwendung kaum Vernetzungen mit der heimischen Natur aufbauen konnten.

abwechslungsreiche Hecke für seine Jagd. Auf den ersten Blick ja, aber der größte Teil der Insekten in der Hecke lebt und entwickelt sich vorwiegend in der bunten Wiese nebenan. Die Hecke ist also nur ein Ausflugsziel dieser Insekten. Das bedeutet, eine bunte Blumenwiese nützt dem Laubfrosch außerordentlich!

Der Schwerpunkt der gärtnerischen Arbeit sollte also immer bei der Bewahrung der evolutionären Vernetzung liegen.

Der Weg zur Vielfalt

Kurz und knapp: Eine Wiese kann sich artenreich neu bilden und erhalten und ist umso schöner, je magerer der Boden ist. Dieser Zustand wird aufrechterhalten durch ein angepasstes Mähmanagement mit Abtransport des Mähgutes. Das heißt, man mäht nicht mehr wöchentlich, sondern je nach Wiesentyp ein- oder zweimal im Jahr. Drei verschiedene Zielsetzungen fürs Mähen sind vorstellbar: Ordnungsschnitt, Abmagerungsschnitt und Saatgewinnungsschnitt.

Das Mähgut einer Wiese muss immer entfernt werden! Passiert das nicht, verrottet das Material an Ort und Stelle und bildet neuen guten Boden. Dieser wiederum ist das Lieblingsgebiet der Stickstoffzeigerpflanzen. Haben sich diese wieder angesiedelt, verdrängen sie die bunten Blumen und die Vielfalt verschwindet. Dein Komposthaufen oder dein Gemüsebeet allerdings freuen sich über diese Nährstoffzufuhr!

Gib dich nicht mit einer monotonen Rasenfläche zufrieden. Die Stellschrauben der Vielfalt sind, wie bei den Beeten auch (Seite 18), wieder die Gegensätze der Möglichkeiten:

- **Sonneneinstrahlung:** vollsonnig bis schattig
- **Feuchtigkeit:** trocken bis nass
- **Nährstoffgehalt im Boden:** fett bis mager
- **pH-Wert:** sauer bis basisch

Auch hier sind wieder alle Kombinationen möglich. Jede Fläche, auch wenn sie noch so klein ist, wird dich mit einer unterschiedlichen Blumenpracht erfreuen und ihre eigenen spezialisierten Bewohner anlocken.

Eine Wiese bietet Schutz für Bodenbrüter, ist Kinderstube für zahlreiche Insekten, zum Beispiel für die meisten Schmetterlinge; sie ist Nektar- und Pollenspender für Insekten und Jagdrevier für unzählige Raubinsekten. Sie ist eine unabdingbare Speisekammer für unzählige Tiere. Nirgends leben mehr Insektenarten als in einer Wiese, und nirgends herrscht eine größere Farbenpracht und Vielfalt.

RASEN VERWILDERN LASSEN

Der einfachste Weg zu einer Wiese ist, im Garten weniger zu arbeiten und die Natur machen zu lassen.

Ohne Mähen

Das Rasenmähen wird bei dieser Variante für Wochen oder Monate eingestellt. Nichts wird mehr ausgestochen, der Löwenzahn darf wachsen, wie er will. Wer Wege haben möchte, zum Komposthaufen oder zum Gemüsebeet etwa, mäht nur diese wie bisher. Der Rest kann stehen bleiben. Man braucht keine Angst zu haben, dass der Rasenmäher den Aufwuchs bei Bedarf nicht mehr schafft, denn es gibt Heckenscheren, Sensen und auch Sicheln, die für dieses Problem wie geschaffen sind. Wenn man den Schwung einmal raus hat, geht es ganz einfach. Es muss ja auch nicht alles an einem Tag passieren!

So eingekürzt kann dann einmal im Jahr, im späten Herbst, alles mit der Maschine gemäht werden. Selbstverständlich nach der berühmten „Bierflaschenregel", so bleiben die Blattrosetten der Wiesenblumen erhalten und die Bodentiere werden geschont.

Ohne Wässern

Das Gießen wird eingestellt. Wenn sich braune Flecken zeigen oder Teile des Rasens verbrennen, wird von alleine Platz gemacht für andere Pflanzen, die mit der Situation besser auskommen und ohne Unterstützung des Gärtners optimal gedeihen. Ein Löwenzahn etwa bleibt von alleine länger grün als Rasengräser. Seine lange Pfahlwurzel kann Wasser, Energie und Nährstoffe für solche Notzeiten gut speichern. Die Wurzeln der Luzerne reichen gar bis zu 2 m tief in den Boden und ziehen auch in trockenen Zeiten genug Feuchtigkeit nach oben. Es wird ohne Bewässerung also keine Wüste entstehen. Die einheimische Pflanzenwelt hat genügend Strategien entwickelt, um dieser Situation gerecht zu werden.

Schütter bewachsene Flecken sind der letzte Rückzugsort für bodenbrütende Wildbienen, sie bauen dort ihre Nester. Staubige Stellen sind bei Spatzen beliebte Plätze für ihr Sandbad. Schmetterlinge lassen sich gerne an freien Wiesenstellen nieder, um zwischen dem Nektarschlürfen Sonne zu tanken. Ein Mosaik aus unterschiedlichen Farben, Formen, Oberflächen und Strukturen wirkt immer lebendiger als eine monotone grüne Fläche.

DIE „BIERFLASCHENREGEL"

Der Schnitt des Mähers wird so eingestellt, dass gerade eine Bierflasche in deiner Wiese liegen bleiben könnte, ohne Schaden zu nehmen. Das heißt, die Wiese wird etwa 5–10 cm hoch gemäht.

Ohne Düngen

Das Düngen wird eingestellt. Je magerer der Boden, desto mehr Vielfalt wird sich langfristig einstellen können. Pflanzenmaterial, wie abgefallenes Laub, abgebrochene Zweige oder verdorrte Stängel, muss immer entfernt werden und wandert in die Nutzbeete.

Pflegen und weiterentwickeln

Wem es vor lauter Nichtstun zu langweilig wird: Moos ausrechen darf man jederzeit! Mit einem Eisenrechen lässt es sich leicht entfernen. Auf diesem Weg entfernt man ebenfalls wieder organische Energie (Seite 39). Oft bleiben dann offene Bodenstellen zurück, die optimale Bedingungen für eine natürliche Aussaat schon bestehender Blumen bieten. Man kann diesem Prozess auch unter die Arme greifen und zusätzlich selbst gesammelte Samen von Wiesen-Salbei (*Salvia pratensis*), Hohem Fingerkraut (*Potentilla recta*), Skabiosen-Flockenblume (*Centaurea scabiosa*) und Wiesen-Glockenblume (*Campanula patula*) aussäen. Wenn man großes Glück hat, bringt ein Maulwurf samenfreie Erde nach oben. Die Haufen werden glatt gerecht und warten auf Samen.

Ganz schön spontan

Gundermann, Spitz-Wegerich, Acker-Taubnessel, Klee, Gänseblümchen, Hahnenfuß und viele mehr werden von alleine den Weg in den Garten finden. Was sich genau ansiedeln wird, wenn man einen Rasen verwildern lässt, hängt stark von der Umgebung ab. Samen finden mithilfe von Wind und Vogelkot von weit her ihren Weg. Aber wenn weit und breit nicht wirklich Natur zu finden ist, ist es – statistisch gesehen – schwer, eine große Vielfalt zu etablieren. Diese Spontanansiedlung braucht Zeit, eventuell viel Zeit.

#machsnachhaltig

INITIALZÜNDUNG FÜR MEHR VIELFALT

Wenn du Pflanzen oder Samen direkt in einen bestehenden Vegetationsbestand einbringst, haben sie es schwer. Keimlinge ersticken sehr schnell durch die Wuchskraft der Nachbarn. Pflanzen kümmern vor sich hin, da die Wurzeln keinen Raum finden.

Beste Startbedingungen

Mit etwas Arbeits- und Materialeinsatz kannst du die Vielfalt deiner Wiese leicht erhöhen. Dazu brauchst du lediglich einen Spaten, humusarme oder -freie Substrate, wie Sande oder Schotter mit 0-Anteil (Seite 25ff.) sowie Saatgut oder Pflanzen, die auf deiner Wiese noch nicht vorkommen.

Im Frühjahr oder Herbst gräbst du einfach runde Löcher in die Wiese, 15 cm tief und 30–40 cm im Durchmesser. Schüttele die Erde von den abgestochenen Pflanzen und ihren Wurzeln ab. Diesen Aushub legst du erst einmal in einen Schubkarren oder auf einer Folie beiseite. Das Pflanzenmaterial wirfst du auf deinen Kompost zum Verrotten. Nun werden diese Löcher wieder gefüllt: direkt mit deinen Substraten oder in beliebigen Mischungen mit deiner beiseitegelegten Erde. In den Löchern befindet sich also nun Boden, der anders und vor allem magerer ist als der Restboden in der Umgebung. Hier können nun deine neuen Pflanzen in der Mitte eingesetzt oder die Samen eingestreut werden, zum Beispiel Wiesen-Witwenblume (*Knautia arvensis*), Kugel-Lauch (*Allium sphaerocephalon*), Zottiger Klappertopf (*Rhinanthus alectorolophus*), Heil-Ziest (*Stachys officinalis*), Kleiner Wiesenknopf (*Sanguisorba minor*) oder Karthäuser-Nelke (*Dianthus carthusianorum*). Da die Löcher ansonsten vegetationsfrei sind, verschafft dies deinen Neuankömmlingen Zeit, sich zu etablieren. Sie müssen sich zunächst nicht gegen die Konkurrenz der Nachbarn wehren. Die Erde ist locker und erleichtert es den Wurzeln, sich gut auszubilden und zuverlässig zu verankern.

> ES BESTEHT IMMER DIE GEFAHR, DIE LÖCHER IN EINER GEWISSEN ORDNUNG ZU GRABEN. BLEIB' ENTSPANNT, SCHON HIER BEGINNT DEINE KREATIVE FREIHEIT.

Zwiebelblumen für mehr Farbe

Im Herbst kannst du gezielt Akzente für ein frühes Feuerwerk im Februar, März, April und Mai vorbereiten. Zu dieser Jahreszeit werden vielfältige Blumenzwiebeln angeboten. Märzenbecher (*Leucojum vernum*), Winterling (*Eranthis hyemalis*), Elfen-Krokus (*Crocus tommasinianus*), Blaustern (*Scilla* spec.), Gelbstern (*Gagea* spec.), Hyazinthe (*Hyacinthus* spec.), Buschwindröschen (*Anemone nemorosa*), Wildtulpen (*Tulipa* spec.), Narzissen (*Narcissus* spec.), Schachbrettblumen (*Fritillaria meleagris*) und Zier-Lauch (*Allium* spec.) erfreuen von Spätwinter bis zum Sommerbeginn – in der genannten Reihenfolge – mit ihren bunten Blüten. Abverkäufe finden teils extrem reduziert im November und Dezember statt. Grabe ein, was du eingraben kannst und willst. Solange der Boden nicht gefroren ist, ist dies problemlos möglich. Diese Aktion kann auch die erste sein, die du auf deinem grünen Rasen startest.

Achte beim Eingraben auf die richtige Setztiefe: lieber zu tief als zu oberflächlich! Als Faustregel gilt, doppelt oder dreifach so tief setzen, wie die Zwiebeln groß sind. Beim Setzen solltest du möglichst das Prinzip der Regelmäßigkeit im Pflanzabstand brechen – hier also enger, dort weiter und immer bunt gemischt. Nimm einfach zwei Hände voll deiner Zwiebeln und werfe sie rückwärts in Richtung Wiese. Dort, wo die Zwiebeln hinfallen und liegen bleiben, wird gepflanzt.

Hast du Mäuse im Garten, solltest du vorwiegend Narzissen wählen, denn diese werden von ihnen verschmäht. Die Blütenfarbe ist zwar nur zwischen Gelb und Weiß, mit eventuell orangen Anteilen, verfügbar, dafür aber in einer Vielzahl von Kombinationen.

Achte bei allen Zwiebeln darauf, nur ungefüllte Sorten zu kaufen. Gefüllte Blüten bieten Insekten in der Regel keinen Nektar und Pollen, da die Staubgefäße zu neuen und mehr Blütenblättern umgezüchtet wurden.

#machsnachhaltig

Eine Wiese neu einsäen

Nur mit dem Abtragen von gutem Boden lassen sich vielfältige Wiesen wiederbeleben, die aus unserer Landschaft wegen genereller Überdüngung verschwunden sind.

Um die absolute Traumwiese zu erreichen, musst du richtig Arbeit und auch viel Material, sprich auch Geld, einsetzen. Aber es lohnt sich! Vielleicht kannst du nicht alles von Hand erledigen, und es rentiert sich, für diese Arbeiten einen Bagger zu mieten.

Den Boden abtragen

Der Oberboden muss weg, heißt die Devise. Es tut ein wenig weh, wenn man die schöne Löwenzahnwiese zerstört, indem man 15 cm Oberboden entfernt. Aber danach wird es etwas geben, was noch wertvoller ist als das, was vorher war! Löwenzahnwiesen sind nicht selten, bunte Blütenmeere dagegen schon. Deswegen ist der massive Eingriff gerechtfertigt.

Das Ziel ist ein möglichst mageres und samenfreies Saatbett. In den obersten 15 cm Boden steckt die meiste Energie, und dort befinden sich die meisten Samen und Wurzeln. Das abgezogene Material muss nicht entsorgt werden. Du kannst es kompostieren und anschließend in

> MIT DEM AUFGEFÜLLTEN MAGEREN SUBSTRAT SIND DIE UNKRÄUTER SEHR UNZUFRIEDEN, SIE WACHSEN KAUM ODER GAR NICHT.

deine Nutzbeete wandern lassen. Oder du legst ein Ruderalbeet an (Seite 20). Mit dem Material kann auch ein Relief gestaltet werden, zum Beispiel ein Wall, welchen du mit einer Hecke bepflanzen kannst. Eine Rasenbank ist eine andere interessante Idee.

DIE RASENBANK

Abgestochene Rasensoden werden umgedreht so übereinander gestapelt, dass eine Form wie ein Sofa oder eine Bank entsteht. Eingeschlagene Holzpflöcke oder eine Stützmauer verhindern das Abrutschen der Seitenränder. Für noch mehr Stabilität sorgen Steine als Kern der Rasenbank. Die entstehende Fläche wird mit Rasensaat zur bequemen Sitzfläche oder mit Stauden kunterbunt bepflanzt.

Oder baust du gerade ein Haus? Falls ja, lass dir bloß keinen Humus anfahren, denn die abgeschobenen Rohböden deiner Baustelle sind die beste Ausgangssituation für deine Traumwiese. Der freigelegte Boden muss lediglich aufgeraut werden, zum Beispiel mit einer Egge oder einem stabilen Eisenrechen.

Die Aussaat

Die beste Zeit zum Ansäen ist das Frühjahr oder der Herbst. Du kannst entweder direkt frisch auf die vorbereitete Fläche aussäen oder zuvor humusfreies Substrat wie Sande oder Schotter mit 0-Anteil (Seite 25ff.) aufschütten. Du kannst für die gesamte Fläche nur ein Substrat verwenden oder unterschiedliche Substrate verteilen oder kombinieren. Die aufgebrachte Schichtdicke kann von 5 bis zu 30 cm variieren. Auf jede Variation wird deine zukünftige Vegetation reagieren und so ein kunterbuntes Bild erschaffen.

Nach der Aussaat wird nochmal gerecht, um die Samen leicht in den Boden zu bringen. Das ist wichtig, denn etliche Vögel freuen sich über eine „Fütterung" und deine Mühe war umsonst. Keimlinge werden in Trockenperioden gewässert.

HECKEN: TRENNEN UND VERNETZEN

Die Hecke wird seit Jahrzehnten auf die Funktionen Sicht- und Lärmschutz reduziert. Durch Betoneinfassungen, Gabionen oder Maschendrahtzäune ist sie für Tiere kaum passierbar. Die Verwendung von Nadelgehölzen – das gesamte Jahr blickdicht und immergrün – ist Standard. Es geht aber auch anders: Eine gut gelöste Raumaufteilung strukturiert, bleibt aber für Tiere offen. Zeit, sich den enormen ökologischen Wert einer Hecke genauer anzuschauen!

DURCH TRENNEN VERBINDEN

In der Natur gibt es viele verschiedene Biotopstrukturen, die auch vom Laien einfach erkannt werden können: Wiese, Wald, Moor, Teich usw. All diese Strukturen enden räumlich einmal und gehen ins nächste System über – mit einem Übergangsbereich. In der Ökologie spricht man dann von einem Ökoton. Oft sind diese Ökotone besonders artenreich und weisen eine höhere Artenvielfalt auf als die Summe der Arten, die in den angrenzenden Gebieten vorkommen. Der Übergang zwischen Land- und Süßwassersystemen ist das Gewässerufer. Wald und Offenland ergeben den Waldrand mit Büschen und niedrigen Kräutern und Blumen. Je mehr solcher Übergangsbiotope es in einer Landschaft gibt, desto höher ist diese Landschaft aus naturschutzfachlicher Sicht zu bewerten. Für einen Garten gilt das ebenso: je mehr Übergangsbereiche, desto wertvoller für die Natur. Jedes Ökoton bietet eine große Anzahl an ökologischen Nischen. Es handelt sich dabei um offene und von Tieren durchquerbare Grenzen mit höchstem Wert für alle Beteiligten. Diesen Mehrgewinn wusste sich der Landwirt früher zunutze zu machen und fügte zwischen den Feldern einfach zwei gedachte Waldränder zu einer neuen Struktur zusammen, und plötzlich war ein neues, menschengemachtes System entwickelt: die Hecke.

Eine gemischte Hecke kann so vieles mehr als nur Sichtschutz. Sie bietet reichlich Kost und sichere Logis für tierische Mitbewohner.

Die drei Zonen der Hecke

Eine gut strukturierte Hecke ist aus drei Zonen aufgebaut. Die Saumzone bildet zu beiden Seiten der Hecke den Rand; dort wachsen Gräser, Blumen und Kräuter. Hier jagt zum Beispiel der Neuntöter nach Käfern und Mäusen, verschiedene Finkenarten finden hier Sämereien und auch Kaninchen fühlen sich wohl.

Die Mantelzone ist der Bereich zwischen Saum- und Kernzone. Sie wird geprägt von kleineren bis mittelhohen Sträuchern, wie Wildrosen, Schlehen und Weißdorn. Dicht verzweigt, ja richtig wehrhaft, bietet sie Vögeln perfekten Schutz zum Brüten. Auch Haselmaus, Igel oder Feldhase finden hier Nahrung und Deckung vor Feinden.

hintergründe ← 59

Köstliche Marmelade mit hohem Vitamin-C-Gehalt direkt aus deiner Hecke. Was hat der Thuja-Gärtner zu bieten?

Die Kernzone in der Mitte ist geprägt von höheren Sträuchern, wie Haselnuss und Holunder oder vereinzelten Bäumen. Hier schmettern die Vogelmännchen ihre Lieder, um Besitzansprüche zu verteidigen. Die hohen Zweige und Äste dienen Raubvögeln und Eulen als Sitzwarte, um nach Beute Ausschau zu halten. Auch all die anderen Tiere, die sich in den Zweigen oder am Boden der zwei anderen Zonen tummeln, finden hier ihre Heimstatt, Schutz und Nahrung.

Die Wallhecke als Landschaftselement

Durch das Pflügen von Äckern kommen immer wieder Steine aus der Tiefe an die Oberfläche. Früher sammelten die Menschen diese Steine regelmäßig auf und legten sie am Rand des Ackers ab. Es entstanden so Steinwälle, die gleichzeitig die Besitzfläche markierten. Auf ihnen siedelten sich von alleine Sträucher an. In manchen Regionen Deutschlands wurden diese in 2–3 m Höhe gekappt und die Äste einfach umgelegt. Die Hecke trieb wieder aus und wurde durch das tote Astmaterial noch dichter. Das nannte sich dann Knick. Diese Hecken bremsen hervorragend den Wind und bieten noch bessere Verstecke.

Das war früher! Heute heißt die Devise: Weg mit den Hecken. Die Konsequenzen sind leicht zu erkennen. Es bleibt eine leblose Flur ohne Vögel und Insekten übrig. Den Landwirten fliegt beim Pflügen und Eggen die fruchtbare Erde davon.

Die gut strukturierten Hecken mit Totholzanteil, Steinhaufen und Vegetationsvielfalt erfüllen viele Funktionen. Die Auswirkungen sind durchweg positiv und beeinflussen Windgeschwindigkeit, Verdunstungsrate, Humusaufbau, Bodenfestlegung und -fruchtbarkeit, Mikroklima und das Landschaftsbild. Hecken können außerdem Nahrungsmittel in Form von Früchten liefern.

Bei all dem großen Nutzen für den Menschen sind sie ein vielfältiger, artenreicher Lebensraum, der aus gutem Grund manchmal sogar unter Naturschutz steht. Das ist leider auch dringend nötig, denn in der Intensivlandwirtschaft werden diese Hecken oft als störend empfunden. Um effizienter bewirtschaften und größere Flächen schaffen zu können, sind diese kostbaren Biotope in sogenannten Flurbereinigungsverfahren großflächig eingeebnet worden. Ein großer Verlust für Tier und Mensch!

An der Grundstücksgrenze

Dein Garten darf und soll sicher auch auf die eine oder andere Weise eingefriedet sein. Du begrenzt dein Grundstück nach außen und auch für dich selbst. Du schützt dich vor allzu neugierigen Blicken und ungebetenen Gästen. So eine Einfriedung gibt ein Stück Geborgenheit und Frieden. Es gibt viele Möglichkeiten, dies zu erreichen und gleichzeitig etwas für die Natur zu tun.

Stell dir vor, du bist eines der vielen kleinen Tiere, die in deinem Garten wohnen könnten und wollten. Bietet deine Einfriedung Verstecke, Schutz vor Nachbars Katze, sodass das Brüten ungefährlich ist? Gibt es Schlupflöcher, damit ein nachtaktiver Jäger und Schädlingsbekämpfer wie der Igel ungehindert in deinem Garten auf Beutezug gehen kann? Gibt es hier Nahrung in Form von Blüten, Beeren und anderen Früchten und saftige Blätter für manche Raupe, die wiederum die Brut der kleinen Meise sichert?

Die Pflanzen, die den Garten umgeben, sollten möglichst auch in die Landschaft gehören, denn nur heimische Gehölze und Sträucher bieten hier lebenden Tieren – Säugern, Vögeln und Insekten – überhaupt Nahrung. Erste Orientierung kann ein Bestimmungsbuch über einheimische Bäume und Sträucher liefern. Wahrscheinlich hat die örtliche Gärtnerei diese Pflanzen nicht im Angebot; spezialisierte Versand-Gärtnereien findest du im Internet (mehr dazu im Serviceteil ab Seite 124ff.).

Die Kombination unterschiedlicher einheimischer Sträucher bietet für Bienen viele Monate Nektar und Pollen.

Eine Brombeere nutzt den Platz zwischen Garten und Gehsteig am Zaun. Sie erfreut mit ihren Blüten und Früchten im Laufe des Jahres so manchen Zaungast.

Wenn es doch der Zaun sein soll

Im naturnahen Garten sollen Zäune lebendige Verbindungslinien sein, die vereinen, integrieren und vernetzen. Sie sollten immer bepflanzt sein. Holzzäune bieten vielfältigste Gestaltungsmöglichkeiten, naturbelassen müssen sie nicht gestrichen werden. Sie können individuell aus Weidengeflecht, Knüppelholz, Brettern oder Ästen angefertigt werden. Bestehende Zäune aus Metall, wie etwa Maschendraht und Doppelstabgitter, eignen sich als Pflanzen-Kletterhilfe.

UNGEEIGNETE BESTSELLER

Der Gartencenter-Hit Kirschlorbeer ist zwar immergrün, schnell und dicht wachsend, erfüllt aber kein einziges der gesuchten Kriterien zum Schutz und Erhalt von Vielfalt. Genauso verhält es sich mit der als „Lebensbaum" bezeichneten *Thuja* – wenn sie eines nicht bietet, dann ist es vielfältiges Leben! Noch steriler wäre wohl nur eine grün gestrichene Betonwand.

→ hecken: trennen und vernetzen

#machsnachhaltig

Die Thuja muss weg!

Sich von etwas zu trennen, ist nicht einfach, das gilt auch für eine bestehende monotone Hecke. *Thuja* und Co. sind tief im Boden verankert. Der Boden, besonders unter Nadelgehölzen, ist hart und fest, da kein Falllaub lockeren Boden aufbauen konnte. Notwendige Bewässerung hat den Untergrund noch zusätzlich verdichtet. Etliche Gärtner scheuen sich deshalb vor der Beseitigung der grünen Wand und schneiden sie lieber jedes Jahr in Form. Das scheint weniger Arbeit zu sein, summiert sich aber auf Dauer.

Aber du musst ja nicht alles auf einmal machen, du kannst etappenweise vorgehen. Wenn du dir jeden dritten oder vierten Strauch vornimmst und das Projekt auf drei oder vier Jahre anlegst, ist der Wandel am Ende doch vollzogen.

Auflockern: Die Reihen lichten sich

Oft sind einzelne Sträucher in einer Hecke sowieso bereits geschädigt. Gerade sonnige Wintertage, verbunden mit geringen Niederschlägen, oder zunehmend heiße Sommertage mit hoher Verdunstung bringen einzelne Sträucher in Bedrängnis, und das Grün verwandelt sich zu einem traurigen Braun. Dann fällt der erste Schritt, das Auflockern, schon einmal leichter.

Einem kränkelnden Strauch kannst du den Gnadenstoß versetzen, indem du ihn mit Wurzel ausgräbst. Das Loch füllst du wieder mit Erde zu und legst den umgedrehten Wurzelstock als Totholz darauf. Der in Teile geschnittene Stamm und die dickeren Zweige werden einfach danebengelegt, schon hast du eine wertvolle Struktur, ein Naturmodul (Seite 110), gestaltet. Der Rest wird für den Komposthaufen gehäckselt. Und keine Sorge, *Thuja*-Holz gibt keine Giftstoffe an den Kompost frei, ist aber durch bestimmte Stoffe enorm verrottungsstabil. Positiv ausgedrückt bedeutet das, dein Totholz bleibt dir lange erhalten, bis es zu Mulm zerfallen ist. Das kann ja auch Vorteile haben.

Gehölze entasten

Wenn du nun Gefallen an deiner ökologischen Aufwertung gefunden hast, kommt das nächste Ungetüm von Thuja, Kirschlorbeer und Co. dran. Jetzt wird nicht gegraben, sondern gesägt. Du entfernst alle Äste, übrig bleibt nur der gerade Stamm. Dieses Entasten ist höchstwahrscheinlich das Todesurteil für den Strauch, und er wird keinen frischen Austrieb mehr zeigen. Der Stamm ist aber stabil genug als langlebige Kletterhilfe für schlingende Pflanzen. Farbe ins Spiel bringst du etwa mit Wicken (*Lathyrus*): entweder großblumige, schwach duftende, ausdauernde Sorten mit einer weiten Blütenfarbenpalette von Weiß über Rosa zu Rot und Violett oder alte Sorten der Wicken, die schwer und süß duften (dazu gehört die einjährige Duft-Wicke *Lathyrus odoratus*). Klettern wollen sie alle.

Schön ist anders, aber in ein paar Jahren stützen die entasteten Thuja-Stämme die bunte Blütenpracht der Ramblerrose und der einst unschöne Anblick ist vergessen.

Den Stamm ringeln

Der nächste Strauch wird geringelt. Dazu entfernst du einen mehrere Zentimeter breiten Streifen der Rinde ringförmig am unteren Teil des Stammes: erst zweimal um den ganzen Stamm einsägen und dann mit einem Messer die Rinde abziehen. Du kannst eventuell mit einer Drahtbürste nacharbeiten. Der Saftstrom wird dadurch unterbrochen, und der Strauch stirbt in der Regel ab, insbesondere wenn die Rinde samt dem tieferliegenden Kambium entfernt und somit das Schließen der Wunde deutlich erschwert wird. Auch mit dieser Methode wird ein Platz frei, der durch andere wertvolle Pflanzen eingenommen werden kann.

ZU SAUER FÜR NEUES?

Oft verunsichert die Sorge, der Boden unter Nadelgehölzen sei mit der Zeit versauert und wenig andere Pflanzen würden gedeihen. Wenn man die Pflanzlöcher großzügig bemisst und sie mit Erde aus anderen Teilen des Gartens füllt, sollte das keine Rolle mehr spielen.

FEATURE

BUCHS ADE

Buchs, als Formgehölz in Mitteleuropa schon seit Jahrhunderten fester Bestandteil der Gartenkultur, ist eigentlich gar kein niedriger kleiner Strauch, sondern kann – wenn er nicht beschnitten wird – zu einem bis zu 8 m hohen Baum heranwachsen. Die kleinen gelben Blüten produzieren im Frühjahr reichlich Nektar und Pollen, was Bienen und Fliegen sehr schätzen. Der Strauch nutzt später eine raffinierte Taktik, die Myrmekochorie: die Samenverbreitung durch Ameisen. Wohlriechende Anhängsel an den Samen verleiten Ameisen, die Samen über weite Strecken zu transportieren. Irgendwann verlieren sie das Interesse und lassen sie fallen.

Formschnitt aus Buchs hat viele Fans: Es wird geschnitten und geformt, gepflegt und gewässert. Die Tätigkeit, im Grunde genommen wenig kreativ, erfordert Augenmaß, absolute Genauigkeit und regelmäßiges fleißiges Tun. Gelegentlich treten Pilzerkrankungen auf: die Buchswelke, das Triebsterben und der Buchsbaumkrebs. Das kann gut mit Fungiziden in den Griff bekommen werden.

Gefürchteter Zünsler

Doch dann tauchte, über den globalisierten Baumschulhandel eingeschleppt, ab 2006 in Deutschland ein in Ostasien beheimateter Nachtfalter auf: der Buchsbaum-Zünsler. Seine hohe Vermehrungsrate mit mehreren Generationen pro Jahr ist das Todesurteil für den Buchs und seine Tradition. Interessant ist, dass sich Nachtfalter generell viel über Duftstoffe orientieren. Ein frisch geschnittener Buchs riecht sehr intensiv und dürfte wesentlich attraktiver für einen Falterbesuch sein als ein nicht geschnittener Buchs. Deswegen wäre es wohl das Beste aufzuhören, am Buchs rumzuschneiden. Einen geringen Befall können auch die Meisenfamilie, die Spatzenhorde oder Herr und Frau Star in den Griff kriegen.

Alternativen gesucht

Wenn jahrelange Arbeit also vernichtet wird und die Kugeln statt Grün ein trauriges Braun zeigen, braucht es Alternativen zum Buchs. Aber schon gleich vorab: Keine davon wird sich wirklich elegant in Kugelform schneiden lassen.

Arten von Stechpalme und Berberitze werden als optisch gleichwertige, schnittverträgliche und ausreichend winterharte Ersatzmöglichkeiten gehandelt. Manche Weidenarten, Liguster und Eibe sind heimische Alternativen und geeignet, etwas „Buchsähnliches" zu erzeugen. Ansonsten bleiben nur noch kompaktere Halbsträucher wie Lavendel (*Lavandula angustifolia*) und Eberraute (*Artemisia abrotanum*) als letzte Hoffnung.

zum weiterdenken ← 65

Für alle Schnitt-Enthusiasten ein Gartensofa der besonderen Art. Bis der Formschnitt das Ligustersofa zur Geltung bringt, vergehen etwa zwei Jahre.

Alternativen zum Buchs

Pflanzen	Standort	Ökologischer Wert
Buchsblättrige Berberitze (*Berberis buxifolia*)	sonnig, trockenverträglich	mittel
Eibe (*Taxus baccata*)	sehr schattenverträglich	mittel
Liguster (*Ligustrum vulgare*)	sonnig, anspruchslos	hoch
Rhododendron (*Bloombux*)	schattig, feucht, saurer Boden	gering
Stechpalme (*Ilex crenata*)	schattig, saurer Boden	gering
Purpur-Weide (*Salix purpurea*)	sonnig, feucht bis trocken	hoch

Das Ligustersofa

Wenn du unbedingt zeigen willst, wie gut du in Form schneiden kannst, kannst du ein Ligustersofa ausprobieren. Wenn du erst nach der Blüte schneidest, haben auch die Insekten etwas davon. Insgesamt brauchst du 18 Sträucher: sieben für die Rückenlehne, sieben für die Sitzfläche und je zwei für die Armlehnen. Gepflanzt wird im Herbst. Mit ein wenig Geschick kannst du auch eine stabile Sitzfläche integrieren: Statt zwei Sträuchern setzt du zwei große Mauersteine mit einer quergelegten Steinplatte.

#machsnachhaltig

Ausgraben und neu anlegen

Eingeschlagene Pfosten und holziges Schnittgut markieren hier den geschwungenen Weg. In den Kurven könnten Sträucher gesetzt werden.

Das Ausgraben der alten Heckenpflanzen lässt sich händisch erledigen, geht mit einem Minibagger aber schneller. Alle Wurzelstöcke, Stämme und Zweige können in Naturmodulen (Seite 110) weiterverarbeitet werden. Nichts muss entsorgt werden; alles bleibt im Garten und darf den ökologisch wertvollen Weg des Totholzes gehen, bis es zu wertvollem Humus zersetzt ist. Das Totholz kannst du sofort in deiner neuen, wertvollen Hecke als Haufen oder als Benjeshecke verwenden.

Variante: Benjeshecke

In der Regel wird darunter eine linienhafte Aufschichtung von Gehölzschnitt in Form eines Walls verstanden – lose oder links und rechts durch Pflöcke gestützt. Am Fuß der Benjeshecke sammelt sich Humus durch Verrottung an und bietet der sogenannten Saumvegetation (Seite 34) Lebensraum. Es kann regelmäßig neues Zweigmaterial aufgelegt werden, da der Wall immer wieder zusammensackt.

Eine Benjeshecke kann der Raumgliederung dienen oder zur selbstständigen Ansiedlung von weiteren Sträuchern, die den Weg durch Vogelkot an diese Stelle finden. Innerhalb ergeben sich geschützte Höhlen und Verstecke, die von vielen Tieren, zum Beispiel vom Zaunkönig, genutzt werden.

ZAHLEN & FAKTEN

Eine Benjeshecke sollte wenigstens 1m, besser 2m breit und mindestens 1,20m hoch sein.

Die neue freiwachsende Hecke planen

Wenn viel Platz vorhanden ist, kann man eine Hecke mit den drei bekannten Zonen – Saum-, Mantel- und Kernzone – anlegen (Seite 58). Fehlt der Platz, variiert man die ausgewählten Sträucher: Ein schmaler hoher Strauch steht neben einer ausladenden Pflanze. Pflanzabstände werden nicht berücksichtigt: hier enger, dort weiter pflanzen. Diese Abwechslung ergibt ein natürliches Wuchsbild. Ein paar mögliche Kandidaten für deine neue Hecke findest du auf der nächsten Seite. Der Heckenverlauf sollte nicht geradlinig sein, ein paar Sträucher dürfen ruhig vor- oder zurücktreten. Erst so ergeben sich unterschiedliche Licht- und Schattensituationen auf kleinem Raum. Die Gartenbewohner werden es schätzen, an heißen Tagen schnell in den Schatten beziehungsweise an kalten Tagen in die Sonne zu gelangen.

Variante: Naschhecke

Deine Hecke soll noch besser werden? Sie lässt sich durch Beerensträucher, Wildobst und auch Edelobst aufwerten. Alle diese Sträucher blühen reichhaltig und erfreuen dich und die Insektenwelt mit Blüten und Früchten.

Johannisbeere, Himbeere, Brombeere, Heidelbeere, Stachelbeere, Jochelbeere, Jostabeere, Japanische Weinbeere und Gojibeere künden von der Vielfalt des möglichen Genusses und eignen sich hervorragend als Rand- oder Unterpflanzung. Apfelbeere (*Aronia*), Maulbeere, Vogelbeere, Holunder, Schlehe, Felsenbirne, Berberitze, Kornelkirsche, Haselnuss, Sanddorn, Mispel, Elsbeere und Wildrose werden höher und sind besser in der Mantelzone aufgehoben. Edelobst wie Apfel, Birne, Quitte, Pflaume, Zwetschge, Mirabelle und Kirsche – in der Baumschule als Spalier oder Niederstamm gezogen – sprengt auch nicht den Rahmen in der Höhe und Wuchskraft. In geschützten Lagen sind auch Aprikosen, Nektarinen und Pfirsiche möglich. Kiwis und Wein ranken sich wild durch deine Hecke.

Die Pflege

Jede Hecke muss irgendwann geschnitten werden. Das System Knick (Seite 59) kann man auch im Garten anwenden und so eine dichtere Hecke erreichen. Schneide nie Äste in bequemer Höhe einfach ab! Denn so entfernst du automatisch die Stellen des Strauches, die im Folgejahr blühen würden. Schneide zur Größenbegrenzung immer die dicksten Äste bodennah aus der Mitte des Strauches heraus.

PFLANZEN FÜR HECKE UND GEBÜSCH

FAULBAUM
Frangula alnus

Dieser 2–4 m hohe Strauch oder Baum müsste eigentlich Zitronenfalterbaum heißen. Denn nur hier legt dieser sehr frühe, knallgelbe Schmetterling seine Eier ab; die Raupen ernähren sich von seinen Blättern. Kein Faulbaum, kein Zitronenfalter! Von etwa Ende Mai bis September blüht er unauffällig, aber äußerst lang und bietet sehr viel energiereichen Nektar für Wildbienen, Hummeln, Schmetterlinge, Schlupfwespen und Käfer. Die Beeren sind erst grün, dann rot und ausgereift schwarz. Durch die lange Blütezeit finden sich alle drei Farben gleichzeitig am Baum. Für uns sind die Beeren giftig, Vögel fressen sie gern.

KORNELKIRSCHE
Cornus mas

Die Kornelkirsche blüht als eines der frühesten Gehölze überhaupt wunderschön gelb. Dabei ist sie sehr nektarreich, was für die Insekten um diese Jahreszeit überlebenswichtig ist. Später im Jahr entwickeln sich dann Früchte, die zwar entfernt an Kirschen erinnern, mit diesen aber nichts zu tun haben. Die Kornelkirsche ist, wenn sie ausgereift zu Boden fällt, ziemlich sauer und enthält gut doppelt so viel Vitamin C wie die Zitrone. Übrigens hat sie das härteste heimische Holz, aus dem der Sage nach das Trojanische Pferd gemacht war. Sie wächst sehr langsam.

GEWÖHNLICHE FELSENBIRNE
Amelanchier ovalis

Nicht allzu lang im späten Frühling blüht die Felsenbirne in strahlendem Weiß. Nektar bietet sie, wenn auch nicht ganz so viel, für einige Wildbienen. Ihre wahre Größe zeigt sich mit der Fruchtreife im Juli. Von Rot über Purpur bis Blauschwarz färben sich dann die Beeren, die zugegebenermaßen keine Ähnlichkeit mit Birnen haben. Um von den köstlichen Früchten etwas abzubekommen, muss man schnell sein, denn auch die Vögel wissen, was schmeckt, und sind dankbare, meist noch schnellere Abnehmer.

HEIMISCHE WILDROSEN
Rosa spec.

Wildrosen sind den hochgezüchteten Sorten immer überlegen: Sie sind in der Regel trockenheitsverträglich, robust, stellen kaum Ansprüche an den Boden oder an Pflanzpartner, sie bilden dichtes, gesundes Blattwerk und bieten Pilzen und anderen Krankheiten die Stirn. Die Blütezeit der einzelnen Arten ist meist kurz, aber durch die Kombination mehrerer Arten kann man sie auf 6–8 Wochen im Mai und Juni ausweiten. Die ungefüllten Blüten bieten Wildbienen, Hummeln und Käfern Nahrung, dabei duften viele von ihnen intensiv. Die Hagebutten helfen Vögeln und Kleinsäugern über den Winter.

→ hecken: trennen und vernetzen

#machsnachhaltig

Lebende Weidenzäune

Wenn die eingeschlagenen Weidenpfosten wurzeln, wirst du dich wundern, welch enormes Wuchspotenzial Weiden entwickeln können.

Weiden sind ganz besondere Sträucher – aus mehreren Gründen. Es gibt etliche hundert verschiedene Arten: von am Boden niederliegend über strauchartig wachsend bis riesengroß. Sie wachsen schnell, bilden aber ein sehr weiches Holz. Dieses Weichholz zersetzt sich schnell und bietet knabbernden Tieren kaum Widerstand. Das macht aber den Weiden nichts aus, durch kräftiges Weiterwachsen werden Schäden rasch ausgeglichen. In dickeren Stämmen kann man oft Verwachsungen und imposante Löcher sehen und einen essigartigen Geruch wahrnehmen. Dies stammt von den Raupen des Weidenbohrers, eines Nachtfalters. Sie fressen sich durch den Stamm und überraschen auf ihrem Weg zur endgültigen Verpuppung durch ihre rote Farbe und immense Größe.

Die Blütezeit der einzelnen Weidenarten reicht vom späten Februar bis in den Mai hinein und zieht viele Insekten an. Ja, es gibt sogar etliche Wildbienen, die ausschließlich die Blüten von Weiden besuchen.

Weiden sind zweihäusig. Das bedeutet, es gibt rein weibliche und rein männliche Pflanzen. Ob vor dir eine „Frau" oder ein „Mann" wächst, kannst du leicht erkennen: Beide Pflanzen blühen, doch die „Männer" haben an den Kätzchen, den Blüten der Weiden, sehr viele gelbe Pollenträger. Die „Frauen" haben das nicht. Weiden sind robust und ohne besondere Ansprüche. Sie lassen sich einfach „auf Stock setzen", also so knapp wie möglich über dem Boden abschneiden; sie treiben dann wieder mit langen neuen Ruten aus. Weiden wurzeln und treiben aus am Boden aufliegenden Ästen sehr leicht aus. Auch frisch abgeschnittene Ruten, für kurze Zeit im zeitigen Frühjahr ins Wasser gelegt oder einfach nur in den feuchten Boden gesteckt, bilden zuverlässig Wurzeln. Sie lassen sich also hervorragend zur Vermehrung oder für lebende Zäune nutzen.

So geht's:

1. Schneide die frischen Ruten auf die richtige Länge.
2. Schiebe sie mit beiden Händen ungefähr 10 cm in den Boden. Gelingt dies nicht, weil der Boden zu hart ist oder deine Ruten schon bewurzelt sind, hebst du einen kleinen Graben aus und pflanzt die Ruten ein. Die lose Erde wieder gut andrücken. Die Ruten müssen stabil stehen.
3. Den Pflanzabstand kannst du frei wählen. Bedenke aber, dass die Ruten mit dem Wachstum an Volumen zunehmen.
4. Das Ganze wird stabiler, wenn du in etwa 50 cm Höhe weitere Ruten quer einflechtest.
5. Jetzt musst du nur noch regelmäßig wässern, bis alles angewachsen ist.

Du kannst auf ähnliche Art und Weise auch einen Rautenzaun im Garten errichten.

So geht's:

1. Stecke jeweils zwei Ruten leicht schräg in den Boden. Eine Rute zeigt nach links, die andere Rute nach rechts, alle aber im gleichen Winkel.
2. Diese Ruten kannst du zu einem Rautenmuster verflechten.
3. Beginn und Ende deines Zaunes markiert jeweils eine senkrecht gesteckte Rute.
4. Zum Schluss schneidest du alle überstehenden Enden ab und gießt kräftig an.

Selbst gemachte Weidenzäune sind günstig bis umsonst in der Anschaffung, wachsen zügig, bieten Lebensraum, sind stabil, kreativ und pflegeleicht. Um die ursprüngliche Form deiner Zäune länger zu erhalten, schneide regelmäßig neue Seitentriebe weg.

Variante: Weidentipi

Aus 12 bis 15 stabilen, mindestens 3 m langen Weidenruten entsteht ein Spieleparadies für Kinder oder eine Überdeckung für den Kompost. Stecke die Ruten leicht nach innen zeigend zu einem Kreis (2 m Durchmesser) in den Boden, eine Stelle als Eingang aussparen. Binde die Ruten in der Mitte zusammen.

Diese Konstruktion kann sich, falls sie zu wachsen beginnt, zu einer Festung entwickeln, die zur Freude aller Kinder kaum einnehmbar sein wird.

#machsnachhaltig

FLECHTZÄUNE AUS ÄSTEN

Horizontal verflochten lassen sich die Pfosten beliebig variieren und deinem Stil geschickt anpassen. Wie wär's mit einer schmalen Bordüre oben?

Der lebende Weidenzaun hat viele Vorteile, einer davon ist: Er wächst! Das kann aber auch ein Nachteil sein. Gerade wenn wenig Platz zur Verfügung steht, kann ein lebender Zaun schnell zu raumgreifend sein. Daher ist ein Zaun, bei der die verwendeten Ruten keinen Bodenkontakt haben und deswegen nicht anwachsen können, ebenso eine Option.

Für diese Art von Zäunen eignen sich auch Ruten von Sträuchern, die nicht so selbstverständlich wuchsfreudig sind, wie etwa Haselnuss, Holunder, Hartriegel und Pappel. Wichtig ist, dass die Ruten möglichst gerade sind; alle Verzweigungen sollten mit einer Rosenschere entfernt werden. Damit sich die Ruten gut flechten lassen und nicht brechen, sollten sie frisch geschnitten sein. Grundsätzlich können die Ruten horizontal oder vertikal verflochten werden. In beiden Fällen braucht es die Widerlager, um die die Ruten geflochten werden.

So geht's:

1 Für ein horizontales Geflecht schlägst du Pfosten, schmale Bretter oder dickere Ruten senkrecht und in einem Abstand von mindestens 20 cm in den Boden ein. Je weiter der Abstand, desto leichter lassen sich die Ruten horizontal einflechten. Willst du einen Zaun mit senkrechten Ruten gestalten, brauchst du pro Zaunfeld jeweils zwei stabile Pfosten im Abstand von 1–3 m. Sie werden mit drei horizontalen Latten oder dicken Ruten verbunden, und zwar geschraubt, genagelt oder festgebunden. Die zuunterst angebrachte Querverbindung muss dabei möglichst nah am Boden sein. Die zweite und dritte Latte bringst du in gleichmäßigen Abständen darüber an. Je weiter der Abstand (mindestens 20 cm), desto leichter lassen sich die vertikalen Ruten einflechten.

2 Jetzt wird geflochten. Dabei ziehst du die Ruten abwechselnd vor und hinter den Widerlagern entlang. Je nach gewünschtem Muster kannst du die Reihenfolge oder die Abstände variieren.

3 Überstehende Rutenenden schneidest du ab. Solche Flechtzäune haben eine durchschnittliche Lebenserwartung von fünf bis acht Jahren. Mit der Zeit werden die Ruten trocken, spröde und brüchig. Du kannst dann einzelne Ruten ausbessern oder alles erneuern. Grundsätzlich wirst du mehr Material verbrauchen als vermutet – gut, dass das Flechtmaterial in deiner Hecke nachwächst.

Unterschätze nicht den Materialverbrauch bei längeren Zaunprojekten. Je mehr Ruten vorhanden sind, desto dichter kann eingeflochten werden. Alles sieht gut aus.

Variante für den Balkon

Für ein kleines Rankgerüst im Topf brauchst du ein Gefäß und drei lange und drei kurze Weidenruten – das ist das Minimum. Stecke eine lange Rute in die Mitte des Topfes, die beiden anderen langen links und rechts daneben. Die drei kurzen Ruten flechtest du jetzt horizontal ein und fixierst sie mit etwas Schnur. Ein kleines Rankgerüst ist entstanden. Nun fehlen nur noch die Pflanzen: Zaunrübe (*Bryonia dioica*), Zuckererbsen, Gurken oder gar eine Fingerblättrige Akebie (*Akebia quinata*), auch Klettergurke genannt, eignen sich.

TOTE FLÄCHEN BELEBEN

Steine oder Felsen erwärmen sich morgens nur langsam. Wenn aber abends die Lufttemperatur sinkt, wärmt der Stein: Er hat im Laufe des Tages viel Energie aufgenommen, die er jetzt wieder abgibt. Dieser Effekt kann im Garten genutzt werden: Spalierobst an einer Hauswand blüht früher als ein freistehender Baum und bringt mehr Früchte. Eine steinerne Sonnenfalle schützt Paprikapflanzen, und auf einer Steinpyramide wärmen sich Insekten.

HITZEPOL UND TROCKENINSEL

Natternkopf wächst an extrem heißen Plätzen. Mit einer langen Pfahlwurzel erreicht er Wasser auch tief im Boden.

Steine erwärmen sich zunächst langsam; sind sie aber erst einmal erwärmt, geben sie die Wärme über längere Zeit wieder ab. So bildet sich ein wärmeres Mikroklima, wenn viel Stein verbaut wurde. Deswegen sind Städte im Vergleich zum Umland Wärmeinseln. Da eine zunehmende Klimaveränderung mit steigenden Temperaturen nicht mehr aufzuhalten ist, kehrt sich dieser zunächst positive Effekt um und verschärft sich mit anderen auftauchenden Folgen weiter. Die erwärmten Luftmassen steigen schnell nach oben und erzeugen mächtige Gewitterwolken, gerade über den Ballungsgebieten. Schwerste Gewitter, sintflutartige Niederschläge und enorme Hagelschäden betreffen hauptsächlich die großen Städte. Städte sind heute wahre Hitzepole und stehen kurz vor dem Hitzekollaps.

Verdunstung durch Versiegelung

Die Verdunstungsrate ist enorm. Wichtiges Wasser ist nicht mehr verfügbar und Pflanzen geraten in Trockenheitsstress: kümmerliche Pflanzen, die gewässert werden müssen, Bäume, die schon im Sommer ihre Blätter verlieren. Auf jedem Parkplatz eines Supermarktes, ja, in jeder gepflasterten Hofeinfahrt kann dies beobachtet werden. Die großflächige Versiegelung der Flächen leitet Regenwasser schnell in die Kanalisation und macht es nicht mehr verfügbar vor Ort. Unkrautvliese und für Wasser nicht durchlässig verbaute Materialien halten die Feuchtigkeit nur kurz an der Oberfläche, bis sie sofort verdunstet. Das ist gleichbedeutend mit „gar nicht geregnet". Der Boden darunter trocknet langsam aus und der Grundwasserspiegel sinkt.

Kaum offener Boden

Offener Boden wird zur Seltenheit. Die Pflanzen sind auf Pflasterfugen zurückgedrängt und große Bäume stehen nur auf einem Quadratmeter offener Erde. Kiesschüttungen in hauptsächlich Weiß und Schwarz verhindern den Aspekt Farbe schon im Keim. Grau und Grün sind die letzten Reste einer bunten Palette an Möglichkeiten. Bunt sind oft nur noch die Fassadenfarben und Dacheindeckungen, selbstverständlich in Nanotechnologie, um jeglichen Flechtenbewuchs auf superglatten Oberflächen zu verhindern. Jedes aufkeimende Grün wird vernichtet. Der Fugenkratzer ist ein beliebtes Gartenwerkzeug, die Arbeit der Gärtner permanent und gründlich. Der Hochdruckreiniger und der Rasenmäher sind die meistverkauften Gartengeräte. Salz im Winter zerstört jegliches Bodengefüge und ist der Tod des Regenwurms auf den letzten Flächen mit Erde. Organisches Material wird aufgesaugt und entsorgt. Sehr oft wird der Quadratmeter deutschen Gartens intensiver mit Chemie versorgt als der Quadratmeter draußen in der Landwirtschaft! Sackweise werden Blaukorn und Kunstdünger, Schneckenkorn und flaschenweise Herbizide bedenkenlos und ohne Studium der Gebrauchsanleitung benutzt. Die zunehmende Verbauung und Asphaltierung unseres Siedlungsraumes verstärken all diese Erschwernisse in hohem Ausmaß.

Droht also eine Wüste?

Die Minimaldefinition von Wüste ist extreme Hitze, Mangel an Wasser und Boden mit geringer Vegetation. Für urbane Zentren muss diese rhetorische Frage mit einem klaren „Ja" beantwortet werden. Ja, die meisten Wohnorte der Menschen gleichen Wüsten, obwohl es in Deutschland verteilt auf das Jahr noch genügend Niederschläge gibt.

Auf den Punkt gebracht: wüst, öde und leer. So sehen die Städte heute aus. Wüst meint dabei einen Stillstand, der ohne kreative Kraft geplant und in verworrener, vermeintlicher Ordnung gerade und mit rechten Winkeln ausgeführt wurde und nun statisch verweilt. Öde nennt man einen Ort dann, wenn er alle Annehmlichkeiten für die Bewohner vermissen lässt. Da helfen auch die Plastikbänke auf dem schattenlosen Platz vor dem Geldinstitut nicht viel weiter. Leer ist eine Welt wegen des Mangels an Leben und Lebewesen. Da bleibt nur Mitleid für den armen Strauch im Kiesstreifen vor dem Supermarkt, der auch noch betreten wird, weil die Menschen den kürzesten Weg suchen. Du kannst es anders! Zumindest in deinem Garten und in deiner Hofeinfahrt.

ZAHLEN & FAKTEN

In urbanen Zentren liegt die durchschnittliche Temperatur gegenüber dem unbebauten Umland oft um 5–6 °C höher.

AUFBRECHEN VON PFLASTER UND SCHOTTERFLÄCHEN

Die Firmen des Garten- und Landschaftsbaus, kurz GALA-Bau, führen sehr viele Pflasterarbeiten aus. Das Ergebnis soll dauerhaft schön sein, und kein Stein soll später einmal ruckeln. Deswegen wird gründlich gearbeitet, und in der Regel werden diese Flächen tiefgründig mit Schotter und Dränagen angelegt. Diese Vorarbeiten kommen dir bei der Veränderung einer bestehenden versiegelten Fläche nur zugute.

Pflasterflächen und Asphalt

Der Aufbau von Pflaster- und Asphaltflächen ist ähnlich, und einige Strukturen davon kannst du bei der Umwandlung in nachhaltige Vegetationskombinationen benutzen. Der Boden wurde in der Regel mindestens 20 cm, oft bis zu 50 cm ausgehoben. Die anstehende Erde wurde also entfernt, und tiefengründlich magere Verhältnisse sind bereits geschaffen. Um Frostschäden zu vermeiden,

Wenn Mohn mit seinen Schwestern und Brüdern Beton aufbrechen könnten, würden sie es tun. Aus Schwäche bleiben ihnen nur die Fugen.

bekam das Pflaster sicherlich ein Bett aus Kies oder Schotter mit nicht allzu starker Körnung. Die Dicke der Frostschutzschicht beträgt in der Regel 10–30 cm. Darauf kam dann noch eine Split-Brechsand-Mischung in etwa 4 cm Höhe, um die Pflastersteine ohne Wackeln und absolut gerade aufnehmen zu können.

Dieser Unterbau ist die perfekt angelegte Dränageschicht für ein geniales Magerbeet (Seite 24)! Darauf verlegt wurde dann das Pflaster, in die Millimeterfugen wurde Brechsand eingekehrt.

Das größte Problem ist meist wohl, das Pflaster händisch aufzubrechen. Eine Asphaltschicht setzt dir noch mehr Widerstand entgegen. Brechstange, schwerer Vorschlaghammer und Spitzhacke sind die Mittel der Wahl, um den Abbau zu beginnen. Bei einem Pflaster musst du einen losen Stein am Rand finden, der entfernt werden kann. Bei Asphalt heißt es einfach, mal gnadenlos draufhauen. Alle entfernten Steine legst du zunächst beiseite. Später kannst du sie zum Bau von Mauern, Pyramiden, Sonnenfallen oder zumindest als Dränageschichten in anderen Magerbeeten verwenden.

Etwas Neues entsteht

Wenn alles freigelegt ist, stehst du auf einer perfekten Ausgangssituation. Es fehlt jetzt eigentlich nur noch der 0-Anteil (Seite 25ff.). 10 cm Sand oder gemischter Schotter beheben auch diesen Mangel. Jetzt wird bepflanzt und mit weiteren Steinen und Totholz gestaltet. Pflanzen, die sich hier wohlfühlen, findest du auf Seite 28ff.

Schotterflächen

Die beliebten Schotterflächen (die in manchen Gemeinden mittlerweile verboten werden) zurückzubauen, ist etwas komplexer. Es ist ein natürlicher Prozess, dass sich zwischen den Steinen organisches Material von selbst sammelt, verrottet und so Humus bildet. Durch Samenanflug stellt sich rasch eine Spontanvegetation ein. Diese wird meist chemisch bekämpft. In der Regel liegt der Kies auf einem Vlies, darunter befindet sich keine Dränageschicht, sondern Mutterboden. Besser du entfernst alles, Kies und Vlies, und gestaltest wie bei einem Magerbeet komplett neu mit Entfernung des Oberbodens und einer angelegten Dränageschicht (Seite 25).

Schüttest du auf den Kies einfach nur geeignetes Substrat, wie Schotter oder Sand mit 0-Anteil, auf und setzt dann deine Pflanzen ein, wird das Ergebnis nicht wirklich zufriedenstellend sein, da ohne Dränage das Regenwasser eventuell lange stehen bleibt und auch die „genialen" Pflanzen, die ausbreitungsfreudigen Unkräuter, gefördert werden. So oder so zieht durch ein Aufbrechen der versiegelten Flächen mehr Leben ein.

WEGE

Ob nun gerade oder gebogen im Verlauf, Wege durch den Garten sind manchmal tatsächlich notwendig. Sie erschließen den Raum und ermöglichen, von A nach B zu kommen. Stabilität und Dauerhaftigkeit sind zwei beliebte Argumente.

Für die Ewigkeit gemacht

Es scheint bei manchen Wegen, als wenn die Besitzer ewig lebten und ständig mit überladenen Schubkarren durch den Garten fahren würden. Wie bei einem Pflaster wird ein Aufbau schon in der Tiefe mit einem Schotterbett begonnen (Seite 78). Dabei entstehen wieder genügend Fugen, die gepflegt und gesäubert werden müssen. Die meisten Wege sind wie die Hofeinfahrten und Terrassen definitiv für den Zweck, den sie zu erfüllen haben, zu überdimensioniert angelegt. Randbegrenzungen, in die Tiefe betoniert, setzen sture Grenzen.

Auflockern erwünscht

Hat man solche massiven Wege im Garten vom Vorbesitzer übernommen, kann man gerne beliebig viele Platten und Steine entfernen und stattdessen durch Vegetation ersetzen. Von einem Stein zum nächsten zu hüpfen, ist doch viel lustiger. Kinder spielen am liebsten auf dem Rasen, der Wiese oder im Gebüsch. Papa läuft beim Rasenmähen oder Heckeschneiden auch nicht ständig nur auf den Wegen und der Hund hält sich schon gar nicht dran. Lass einfach Vegetation zu, schaffe Übergänge und keine Grenzen!

Deswegen sollte man sich auch nicht zu sehr mit dem Verlauf der Wege im Garten beschäftigen und diese schon gar nicht akribisch planen.

Organische Wegführung

Wege ergeben sich mit der Zeit von alleine. Wer täglich von der Terrasse zur Kräuterspirale läuft, um frische Kräuter zu holen, hinterlässt eine Spur. Diese Spur wird eine Linie sein, da der direkte Weg genutzt wird. Geschwungene Linien entstehen, wenn man einer Sache ausweichen muss, etwa einem Strauch, einem Gebäude, einem Gartenteich. Die Wegführung entwickelt sich organisch mit den Bedürfnissen und Gegebenheiten im Garten! Diese Spuren gilt es zu erkennen und wertzuschätzen.

Alle entstehenden Spuren kann man zu einem Rundweg zusammenfassen. Wenn man nur diesen

Ein Weg muss nicht gerade sein. Alleine durch das Belaufen ergibt sich ein Pfad, der die Natur links und rechts davon möglichst wenig stört.

Rundweg ab und zu mit einem Mäher kurz hält, hat man schon viel erreicht – und man kann alles von diesem Weg aus genießen, ohne ständig überall hintreten zu müssen. Diesen Weg verlässt man nur, wenn man abseits Pflegearbeiten ausführen muss. Die Natur im Garten bleibt dennoch erfahrbar, aber optimal vor Störungen durch Betreten geschützt.

Die Wege kann man unterschiedlich befestigen, um auch bei regnerischem Wetter nicht zu viel Dreck ins Haus zu bringen. Dabei muss der gesamte Weg nicht einheitlich gestaltet werden, sondern darf im Belag auch wechseln. Vieles ist zur Befestigung möglich: einzelne Steinplatten, Aufschüttung von Rindenmulch, Sand oder Schotter. Man kann seine Kreativität voll ausleben.

Je nach verwendetem Material und Schichtdicke werden sich unterschiedliche Pflanzen wohlfühlen. Das Fugenkratzen hat ein Ende und muss nicht mehr im Bücken erledigt werden.

Pflanzen trotz Weg

Die Trittrasengesellschaft etwa stellt sich von allein ein, wenn Böden stark belaufen sind. Die Trittverträglichkeit beruht hauptsächlich auf geringer Größe der Pflanzen, niederliegendem Wuchs, bodennaher Verzweigung, rascher Regeneration und elastischem und gleichzeitig festem Gewebe. Dazu gehören verschiedene kleine Grasarten, Vogelknöterich (*Polygonum arenastrum*), Breit-Wegerich (*Plantago major*), Gänse-Fingerkraut (*Potentilla anserina*), Weiß-Klee (*Trifolium repens*), Strahlenlose Kamille (*Matricaria discoidea*) oder Niederliegen-

ZAHLEN & FAKTEN

In vielen Gärten wird einmal pro Woche fast jeder Quadratmeter des Grundstücks zum Rasenmähen betreten. Die restliche Zeit sieht man oft niemanden im Garten, dennoch gibt es stabile Wege. Warum? Sind diese Flächen nicht sinnvoller zu nutzen?

Je nach Jahreszeit führt der Weg durch deinen Naturgarten vorbei an unterschiedlichen Farben und Strukturen.

des Mastkraut (*Sagina procumbens*). Neugierig geworden auf diese unbekannten Namen? Alle Pflanzen blühen und spielen im Naturkreislauf eine wichtige, wenn auch unbeachtete Rolle.

Rasengittersteine beinhalten immer kleine Pflanzrefugien in den Zwischenräumen. Hier lassen sich gezielt etwas vertieft niedrige Thymiane oder andere kompakte Polsterpflanzen setzen. Betreten oder Befahren wird dann ohne Gefahr für die Pflanzen möglich. Zweireihig ausgelegt können die Rasengittersteine sogar Fahrspuren für ein Auto sein.

Gut zu Fuß

Vielleicht reizt dich auch die Idee eines Barfußpfades, um die Sensibilität deiner nackten Füße zu fördern. Fest steht, dass der weiche Waldboden die Gelenke weniger beansprucht als Asphalt. Noch besser ist es, auf Naturböden barfuß zu laufen, denn ohne den Halt der Schuhe wird die Fußmuskulatur gestärkt, und die verschiedenen Untergründe regen zusätzlich die Durchblutung an. Ein kleiner Abzweig vom Gartenrundweg kann mit unterschiedlichsten Materialien gestaltet werden. Gras, Blätter, Reisig, Tannenzapfen, Stöcke, Rinde, verschieden große Steine, vieles ist geeignet, wenn es nur eine andere Struktur und Widerstand für die Fußsohlen bietet. Die meisten Dinge kann man auf Spaziergängen in Wald oder Flur finden und in den Barfußpfad einbauen. Wenn die Dinge dann mit der Zeit verrotten, gibt es zum Schluss noch weichen Humus für die Füße.

Aha, darum … Ameisen und Pflastersteine

Die beiden scheint eine innige Liebe zu vereinen. Oft lösen sich Pflastersteine, und sie beginnen zu wackeln, da die Ameisen auch feines Material abtransportieren und in ihren Bau verlagern. Warum diese Vorliebe zu Pflaster? Pflaster besteht aus Stein und wärmt sich auf. Diese Wärme nützt den Ameisen bei der Aufzucht ihrer Brut und dem baldigen Schlupf der Puppen. Je wärmer die Umgebung, desto schneller kann das Volk wachsen. Aber je größer ein Ameisenvolk, desto größer muss auch das Nahrungsangebot sein, damit es überhaupt wachsen kann. Und was ist die Hauptnahrung von Schwarzen Wegameisen? Jetzt wird es spannend! Sie ernähren sich zu einem großen Teil von den Ausscheidungen von Blattläusen, dem Honigtau. Wurzeln unter der Erde werden übrigens ebenso von Wurzelläusen befallen – auch hier wird Honigtau geerntet.

Warum hat eine Pflanze überhaupt Läuse? Die interessante Antwort lautet: Weil sie entweder krank oder schwach ist oder am falschen Standort steht. Alle fremdländischen Pflanzen stehen in Deutschland am falschen Standort, deswegen sind sie auch überdurchschnittlich oft von Blattläusen befallen. Die Ameisen tun das, was sie schon immer tun: sich von Honigtau ernähren und die Wärme der Steine nutzen. Wenn die fremdländischen Pflanzen durch einheimische ersetzt werden, gibt es weniger Ameisen. Wetten?

Spüre mit deinen nackten Füßen den Herbst. Wenn du dich anstrengst, spürst du selbst mit geschlossenen Augen die Farbe Rot.

GESTALTUNG MIT TRÖGEN

Nicht alle Flächen müssen nun aufgerissen werden. Tatsächlich sind rund um das Haus befestigte Bereiche sinnvoll: Das Auto will geparkt sein, und um ein- und auszusteigen braucht es einen stabilen Weg. Entlang der Hausmauer ist ein Dränagestreifen eingefügt, um die Kelleretage und die Wände vor Feuchtigkeit zu schützen, und die Terrasse braucht Platz für Liegestuhl, Grill, Tisch und Stühle. Aber auf diesen versiegelten Flächen kannst du immer noch vom Rand her etwas für die Vielfalt tun, ohne das Pflaster oder dessen Funktion in Frage zu stellen und abbauen zu müssen. Tröge oder stabile Schalen, große Tontöpfe und sonstige Gefäße können bepflanzt werden: dauerhaft, blütenreich und mit pflegeleichten einheimischen Pflanzen. Auf dem Wertstoffhof werden genügend Gefäße entsorgt. Bei freundlichen Fragen gibt das Personal in der Regel die Erlaubnis, Dinge auch wieder mit nach Hause zu nehmen. Das ist direktes Upcycling, und so kommst du schnell und kostengünstig zu einer ansehnlichen Sammlung. Ja, sogar größere Blechbüchsen bieten genug Lebensraum, um mit Pflanzen gestaltet zu werden.

Mach mal langsam

Erinnerst du dich an deinen letzten Urlaub in Italien oder Griechenland? Beim Schlendern durch die romantischen Gassen sind überall Pflanzen in Gefäßen zu sehen: auf dem Boden stehend oder sogar an der Wand hängend. Das macht enorm den Reiz dieser alten Städte aus, hier geht man gerne spazieren. Die Menschen haben beim Gießen noch Zeit zu einem kurzen Ratsch. Entschleunigung pur! Es lohnt sich also auch bei uns, diese sterilen Flächen zu gestalten.

Tipps für den Topfgarten

- Gefäße sollten stabil und frostfest sein.
- Sie sollten auch mit Erde und Pflanzen nicht allzu schwer sein, damit sie noch verrückt werden können.
- Die großen Töpfe kommen nach hinten, die kleinen nach vorn.
- Die Tiefe der Gefäße richtet sich nach der Bepflanzung. Für Wiesenblumen und einheimische Stauden reichen 20 cm meist aus. Kleine Obstgehölze brauchen, um auch Früchte anzusetzen, mehr Wurzelraum.
- Alle Töpfe benötigen ein Wasserabzugsloch am Boden, auf eine Dränageschicht kann meist verzichtet werden.
- Das passende Pflanzsubstrat richtet sich nach den ausgewählten Pflanzen.
- Wer froststabile und dauerhafte Pflanzen setzt, spart sich im Herbst das Schleppen der Töpfe zur Überwinterung in die Garage oder das beheizte Gewächshaus.

> GRÜN AUF GRAU,
> PFLANZTÖPFE NAH AN DER
> STRAßE BELEBEN TRISTE FLÄCHEN
> UND FÜR UNSERE INSEKTEN
> ZÄHLT JEDE BLÜTE.

Eine Alternative zu Trögen

Wie wäre es mit einer dauerhaften Anlage direkt auf dem Pflaster? Mit schönen Steinen baust du eine Art Hochbeet. Jegliche Grundform ist möglich: ein Ring, ein Dreieck, ein Viereck oder eine ovale Struktur. Deine Anlage passt sich also dem verfügbaren Platz ideal an. Die aufgeschichtete Mauer sollte mindestens 20 cm hoch sein. Im Inneren wird dann Dränagematerial eingefüllt, obenauf Substrat mit 0-Anteil. Dann kommen die Bepflanzung, Totholz und Steine – so wie beim Aufbau eines Magerbeetes auf Seite 24ff. beschrieben.

Garageneinfahrten sind oft zu groß geplant. Ohne Weiteres lässt sich hier mit einem trocken aufgesetzten Hochbeet vielfältiges Leben etablieren.

BEPFLANZUNG DER VERTIKALEN

Das Stadtklima muss durch die Aufnahme von CO_2, Säuberung der Luft von Feinstaubpartikeln und Schadstoffen, ein erhöhtes Wasserrückhaltevermögen und einen sinnvollen Temperaturausgleich in Zukunft dringend verbessert werden. Eine emotional und ästhetisch ansprechende Verschönerung des privaten und urbanen Lebensraums, verbunden mit Schaffung von Refugien für Flora und Fauna, sind bitter notwendig. Doch fast alle horizontalen Flächen sind für die Bedürfnisse des Menschen mit seinem Verkehr und der davon abhängigen Infrastruktur belegt. Was also tun?

Living Walls

Die Experten der Planung haben deswegen die Vertikale für sich entdeckt. Firmen bieten Komplettlösungen an, die alle nicht billig sind und somit eigentlich nur als Prestigeobjekte gelten können. Die Ergebnisse sind wirklich spektakulär, der dazu notwendige Aufwand ebenso: Vorgehängte, hinterlüftete Fassadenteile mit Alu-Unterkonstruktionen und Verbundplatten, aufgefüllt mir Spezialsubstraten und gesteuert durch Sensoren, gekoppelt mit einer aufwendigen Bewässerungstechnik ermöglichen tatsächliches Grün. Diese *Living Walls* benötigen neben einer intensiven Pflege aber auch extrem robuste Bewohner, deswegen kommen oft nur fremdländische Pflanzen, Moose, Gräser oder Farne zum Einsatz – ohne Blüten und Früchte für heimische Insekten oder Vögel.

Varianten für daheim: Pflanztaschen ...

Die finanziell abgespeckte Version dieser sogenannten fassadengebundenen Begrünung für den Normalo sind Pflanztaschen und Pflanzkörbe. Hier können die einzelnen Elemente neben- und untereinander zu einer großen Pflanzenwand kombiniert und der Fassade vorgehängt werden. Die Anbringung erfolgt wie bei einem Bilderrahmen: Bohren, Dübeln und Fixieren. Es lassen sich leicht sowohl Blumen als auch Gemüse an einer Wand anbauen. Oft wird das Außengewebe aus recycelten Plastikflaschen oder anderem Plastik gewonnen. Eine eingearbeitete Innengummierung verhindert in der Regel eine Durchfeuchtung der Wand. Gegossen wird mit einer Gießkanne oder ausgeklügelten Tropfsystemen bei Bedarf, der aber genau abgestimmt sein muss. So wird *Vertical Gardening* auch auf einem Balkon möglich.

Gerne kann man aber auch jegliche andere Gefäße verwenden, größere Blechbüchsen sind gut

Vier verschraubte und an die Mauer angelehnte Latten sind die Minimallösung, um einer Ramblerrose den Weg nach oben zu ebnen.

geeignet. Die Hauptschwierigkeit dabei bleibt die sichere Befestigung an der Wand. Gegossen und mit großen Pflanzen, wie etwa fruchttragenden Hängetomaten, kann so ein Gefäß ganz schön schwer werden.

... oder Kletterpflanzen

Die einfachste vertikale Begrünung gelingt dir mit der „bodengebundenen" Begrünung. Dabei werden einfach Kletterpflanzen am Fuß der Wand gesetzt. Sie sind mit wenig Pflanzfläche zufrieden und finden so auch bei räumlich begrenzten Möglichkeiten ihren Standort. Es gibt Kletterpflanzen, die durch Haftorgane von allein die Fähigkeit haben, an Mauern oder Bäumen hochzuranken. Dazu gehören Efeu (*Hedera*), Wilder Wein (*Parthenocissus*) und Kletter-Hortensie (*Hydrangea anomala*). Andere Pflanzen brauchen dazu Unterstützung durch ein Gerüst oder eine Kletterhilfe aus Stahl, Seil oder Holz. Eine günstige Lösung sind angelehnte Holzlatten, die mit Querlatten verbunden und schnell aufgestellt sind. Triste Wände werden so lebendig grün, blühend bunt oder einfach schön. Man kann die Pflanzen auch über eine angeschlossene Pergola waagerecht weiterleiten und eine Raumgestaltung erzeugen oder sie als Schattenspender nutzen. Der Wuchs kann gut geführt und durch einen Schnitt geformt und unter Kontrolle gehalten werden.

Die Pflanzenwelt wird unterteilt in Schlinger, wie etwa Hopfen (*Humulus*) oder Geißblatt (*Lonicera*), in Ranker, wie Echter Wein (*Vinum*) und Wicken (*Lathyrus*), und in Spreizklimmer wie Kletterrosen, Feuerdorn (*Pyracantha*) und Winterjasmin (*Jasminum*). Sie klettern entweder mit ihrem Haupttrieb selbst, mit extra dafür ausgebildeten Nebentrieben oder mithilfe von Dornen und Stacheln, die sich in der Kletterhilfe verhaken und somit die Pflanze nach oben führen.

Wie wird gepflanzt?

Die meisten Kletterpflanzen stellen keine speziellen Ansprüche. Sie lieben einen hellen bis sonnigen Standort und mögen es gerne, wenn ihre Wurzeln schattiert sind. Das Pflanzloch wird großzügig ausgehoben, der Untergrund gut gelockert. Den Wurzelballen sollte man gut aufrauen, ins Pflanzloch setzen und mit feiner Erde auffüllen – eventuell mit etwas reifem Kompost gemischt. Festtreten und gut wässern.

Ökologischer Wert

Kletterpflanzen bereichern jeden Garten und sind zudem meist gute Insektenweiden. Sie bieten mit ihren Ranken Schutz und Raum für Vogelnester und viele von ihnen im Herbst und Winter mit ihren Beeren zusätzlich zahlreichen Tieren Nahrung. Warum sind dann nicht alle Wände in den Städten begrünt, wenn es so einfach ist? Rankgitter oder Seilsysteme kosten Geld und machen Arbeit bei der Installation. Ein weit verbreitetes Vorurteil ist, dass Selbstklimmer die Fassade zerstören. Das ist so nicht richtig! Die Haftwurzeln dringen nicht in den Stein ein oder infiltrieren die Wand, sondern haften nur oberflächlich. Lösen sich Teile des Verputzes, liegt das eher daran, dass das Gewicht der Pflanzen einen schon schadhaften und schlecht ausgeführten Putz ablöst. Farbveränderungen des Putzes sind möglich, aber in einer grauen Welt verkraftbar.

Aber Triebe können mit ihrem Dickenwachstum Bauteile absprengen, Rollladenkästen verstopfen und Dachschindeln anheben. Bei ungenügender Laubentfernung kann die Dachentwässerung ver-

Auch die kleinsten horizontalen oder leicht geneigten Flächen lassen sich begrünen. Es muss ja nicht sofort das Garagendach sein.

stopfen und es können so Folgeschäden entstehen. Deswegen ist bei Selbstklimmern ein begrenzender Schnitt regelmäßig notwendig.

Die Vorteile einer Vertikalbegrünung, die sich für den Wärme- und Schallschutz auch für das Innere des Hauses ergeben sind wissenschaftlich bewiesen. Durch die Bepflanzung kann eine zusätzliche dämmende Wirkung erreicht werden. Das bedeutet, dass im Winter die Wärme besser im Haus verbleibt und im Sommer das Haus nicht so warm wird.

Alternative horizontale Flächen

Auch horizontale Flächen sind bepflanzbar. Das Thema ist sehr komplex, da in der Regel wichtige Dinge wie Statik des Gebäudes, Neigungswinkel und Sickerwasserschutz bei größeren Flächen beachtet werden müssen. Die Höhe der Substratschicht bestimmt die mögliche Vegetation. Der Standort kann extrem heiß und trocken werden. Deswegen solltest du deine Ideen unbedingt von einem Fachmann ausführen lassen.

DACHBEGRÜNUNG IM KLEINEN

Kleinere Flächen, wie etwa das Dach des Mülltonnenunterstandes oder des Vogelhauses, lassen sich mit einer ausgelegten Noppenfolie und darauf aufgebrachtem Substrat selbst gestalten.

→ tote flächen beleben

#machsnachhaltig

Lebensraum an der Wand

Früher bestanden die Häuser in den meisten Regionen in Deutschland aus Bruchsteinen, die mit viel Sand, Lehm und Mörtel zusammengefügt wurden. Ein leichter Putz hielt die Unbilden der Witterung notdürftig ab. Beim Fachwerkbau liegen sogar große Holzbalken in den Häuserfronten blank. Überall bildeten sich mit der Zeit Risse oder ganze Löcher. Oft fehlten das Geld und die Zeit für Ausbesserungen. So entstand idealer Lebensraum für Insekten und Vögel. Obwohl diese Strukturen manchmal Jahrzehnte oder Jahrhunderte alt sind, stehen sie noch und bieten auch für den Menschen Atmosphäre und Lebensraum. So mancher gesichtslose Neubau altert mit seinen modernen Materialien schnell und wird nach 30 Jahren wieder abgerissen. Die alten Mauern mit ihren kosmetischen Schwächen aus ökologischen und historischen Gründen zu erhalten, hat höchste Priorität. Das meiste davon ist jedoch unwiederbringlich verloren gegangen.

Heute nur glatte Wände

Keine Wildbiene findet mehr ein Loch für ihre Brutzellen. Keine Mehlschwalbe kann am rauen Putz ihr Nest unter der Traufe kleben. Die Ziegel fest montiert, die Wandanschlüsse dicht. Kein Spatz kann sich mehr unter die Ziegel mogeln, um dort sicher vor Feinden zu schlafen. Keine Fledermaus findet einen warmen und trockenen Platz für ihre Wochenstube. Mit künstlichen Nisthilfen und Nistkästen kannst du ersatzweise Abhilfe schaffen und den Tieren auch an einer nackten Wand etwas Unterstützung zukommen lassen.

Nistkästen für Vögel

Für Vögel gibt es sehr verschiedene Nistkästen – auch zum Selberbauen –, die sich in Größe, Aufbau und Lochgröße deutlich unterscheiden können. Auch der Ort der Aufhängung ist wichtig und richtet sich nach den speziellen Anforderungen der Vogelarten. Spatzen lieben Gesellschaft, daher

Ein Vogelhaus kann leicht an einer Stange oder der Wand angebracht werden. Fehlen nur noch die passenden Mieter.

kann man gleich mehrere Kästen sehr nah beieinander aufhängen. Andere Vögel bleiben lieber auf Distanz und verteidigen ihren Nistbereich auch gegen artfremde Vögel. Außerdem solltest du auf Folgendes achten:

- Hänge die Kästen vor Regen, Wind und praller Sonne geschützt auf.
- Die Einflugöffnung zeigt bevorzugt nach Südosten bis Osten.
- Um Räubern den Zugriff zu erschweren, befestige die Kästen mindestens 2 m über dem Boden.
- Mehlschwalben und Mauerseglerkästen wollen noch weiter oben, unter dem Dach, hausen.
- Für Turmfalke und Schleiereule sind Kästen im Dach- und Giebelbereich innerhalb des Gebäudes geeignet.
- Die Kästen werden einmal pro Jahr im Spätwinter gereinigt: Entferne alles Nistmaterial.

Natürlich ist eine Anbringung solcher Kästen nicht nur an Wänden, sondern auch in Bäumen oder – gerade für Stare – an langen Stangen möglich.

ZAHLEN & FAKTEN

Jede Vogelart hat eine andere Vorliebe beim Durchmesser des Einfluglochs eines Nistkastens:
- Blaumeise: 2,8 cm
- Trauerschnäpper: 3,1 cm
- Sperling: 3,3 cm
- Kleiber: 3,5 cm
- Star: 5,5 cm

Unterkünfte für Fledermäuse

Für Fledermäuse braucht es engen spaltenartigen Wohnraum mit rauen Oberflächen, damit sie sich kopfunter aufhängen können. Früher siedelten sich die Tiere gerne hinter Fensterläden oder Holzverschalungen an. Heute brauchen sie Hilfe:

- Fledermauskästen sollten deutlich höher angebracht werden als Vogelnistkästen: mindestens 3–5 m hoch und mit freien Anflugmöglichkeiten.
- Bringe den Kasten an einem windgeschützten, weder zu sonnigen noch zu schattigen, ruhigen und wenig frequentierten Ort an, der nachts nicht von Lampen oder sonstigen Lichtern beeinflusst ist.
- Um Verschmutzung durch herausfallenden Kot zu vermeiden, positioniere ihn nicht über Fenstern, Balkonen, Hauseingängen oder Sitzecken.

Fledermäuse haben je nach Art und Jahreszeit unterschiedliche mikroklimatische Ansprüche und können, ihre Jungen am Körper tragend, jederzeit bei Bedarf oder Störung ihren Hangort wechseln. Deswegen spricht nichts dagegen, Ersatzquartiere und mehrere Kästen in kleinen Gruppen in verschiedenen Himmelsrichtungen von sonnig bis halbschattig an einem oder benachbarten Gebäuden anzubieten.

Nisthilfen für Wildbienen

Für Wildbienen sind Löcher in abgelagertem und harzfreiem Holz, die sauber gebohrt wurden, wichtig. Hier legen sie ihre Brutzellen an und verschließen nach getaner Arbeit das Loch mit einem die Brut dahinter schützenden Deckel. Die gebohrten Löcher sollten einen Durchmesser von 2–10 mm haben und mindestens 12–15 cm in die Tiefe reichen. Damit du das rege Treiben gut beobachten kannst, solltest du die Hilfen in Gesichtshöhe in voller Sonne aufhängen.

Unterschiedliche Nisthilfen an der Wand sind willkommener Wohnraum für Wildbienen und ihre Verwandten.

ZAHLEN & FAKTEN

In Nisthilfen lassen sich die beiden häufigsten Wildbienen, die Rostrote Mauerbiene und die Gehörnte Mauerbiene, beobachten, aber auch etliche andere Wildbienen und Wespen, wie die Goldwespe oder die Töpfergrabwespe, die ihre Brut mit gelähmten jungen Spinnen füttert.

Logis nicht ohne Kost

Da Nistkästen und deren richtiger Einsatz ein sehr komplexes Thema sind, hilft dir Fachliteratur bei weiteren Fragen sicher weiter. Bedenke auch, dass alle Tiere, die sich zu einem Einzug in deine Kästen haben überreden lassen, vor allem Nahrung brauchen: Blüten mit Nektar und Pollen für Insekten oder eine Vielzahl von Insekten und Sämereien für Vögel. Eine ökologisch hochwertige Gestaltung des Gartens und Verwendung von hauptsächlich einheimischen Pflanzen ist obligatorisch. Denn ein tolles Insektenhotel, aufgestellt auf einer trostlosen Rasenfläche, wird nicht besiedelt werden!

Lehmkästen für Spezialisten

Um stärker spezialisierte Insekten zu unterstützen, wie etwa die Gemeine Pelzbiene oder die Schornsteinwespe, kannst du dir einen Lehmkasten oder eine Lehmwand bauen.

Fülle ein feuchtes Sand- und Lehmgemisch in einen leeren eckigen Kasten und presse es leicht hinein. Das Mischungsverhältnis der Komponenten ist ein wenig mit Ausprobieren verbunden. Im Schatten soll das Material weder zu hart und betonähnlich austrocknen, noch soll alles bei der kleinsten Erschütterung auseinanderrieseln. Optimal ist es, wenn du das Material ohne zu großen Druck mit den Fingernägeln abkratzen kannst, denn die Bienen graben sich mit ihren Mundwerkzeugen selbst ihre Brutröhren in das Material. Stelle oder hänge den Kasten senkrecht an eine Wand in der Sonne. Ein paar vorgebohrte Löcher suggerieren den Insekten vorhandene Besiedlung und ermuntern sie, das neue Wohngebiet zu inspizieren.

Das ist der kunstvolle Hauseingang einer Schornsteinwespe. Ein aufgehängter, mit Lehm gefüllter Kasten kann fehlenden Lebensraum ersetzen.

WASSER ZURÜCKHALTEN

Klar, du kannst keine Autobahnen pflügen oder Betonburgen niederreißen, um einer „Verwüstung" entgegenzuwirken. Auch das Klima kannst du nicht ändern. Deutschland hat noch immer genug Niederschlag, auch wenn er über das Jahr nicht mehr zuverlässig verteilt ist. Du kannst das Lebenselixier Wasser aber zurückhalten, wenn es dir vom Himmel geschenkt wird, und deinen Garten durch trockene Zeiten retten. Durch die richtige Pflanzenauswahl lässt sich Wasser sparen.

DER QUELL DES LEBENS

Wasser ist eines der vier Elemente, ein sehr starkes, wenn nicht sogar das stärkste. Es kann hart sein wie Stein, aber auch weich und nachgiebig. Schlage einmal mit der flachen Hand kräftig auf eine Wasserfläche oder erinnere dich an die schmerzhaften Bauchklatscher aus dem Schwimmunterricht! Hast du schon einmal gemerkt, wie schwer Seife von den Händen geht, wenn du es mit Regenwasser versuchst?

Wasser findet immer einen Weg, kommt durch die winzigsten Spalten und Risse, die wir mit bloßem Auge schon nicht mehr sehen können. Es ist so wandelbar wie kaum etwas anderes. Flüssig, fest oder gasförmig kann es daherkommen und immer wieder zwischen diesen Zuständen wechseln. Aus Wolken wird Regen oder Hagel, der See gefriert zu Eis, dann schmilzt alles und tropft, bis es wieder verdunstet ist.

Leben in jedem Tropfen

Und es steckt, sofern es nicht zu stark verschmutzt oder zu sauber ist (wie das Trinkwasser aus dem Hahn) eine immense Fülle an Leben in jedem kleinsten Tropfen. Wie eine eigene kleine Welt.

Nimm einmal ein großes leeres Glas und fülle etwas Bodensubstrat und Pflanzenmaterial aus einem Teich in dein Glas; fülle es mit Teichwasser auf. Stelle es hell auf, nicht in die direkte Sonne, und beobachte. Einige der Kleinstlebewesen sind so groß, dass du sie mit bloßem Auge durchs Wasser huschen siehst. Die meisten sind so winzig, dass du das Gewusel nur mit der Lupe oder gar dem Mikroskop sehen kannst. Du kannst auch mal Folgendes probieren: Im Dunkeln mit einer starken Taschenlampe schräg durch das Glas leuchten – dann zeigen sich auch die Winzlinge, die dir sonst verborgen bleiben, wenngleich wirklich nur als kleine, aufblitzende Pünktchen und Striche, Streiflichtern gleich.

Der Beginn von Nahrungspyramiden

Diese Kleinstlebewesen bilden für etwas größere Organismen die Lebensgrundlage, diese für die nächstgrößeren und so weiter. Bis wir bei den Fischen, Wasserläufern, Libellenlarven, Wasserkäfern oder den Molchen und so weiter angekommen sind. Das Leben im Teich sprudelt förmlich über. Viele Tiere leben als Larven im Wasser, um nach einer unglaublichen Verwandlung in ein anderes Leben mit einer anderen Erscheinung zu treten. Aus Kaulquappen werden Frösche, aus Libellenlarven akrobatische Meister des Fluges am Gewässerufer. Die Eintagsfliegen leben als Larven mehrere Jahre unter Wasser, um dann

nach einer endgültigen Häutung für einen Tag in einer Massenhochzeit zu fliegen, sich zu paaren und zu sterben.

Ganz wundervoll ist Wasser im Garten, wenn du die Möglichkeit hast, einen Teich anzulegen, vielleicht sogar einen Bachlauf integrieren kannst. Sobald ein Teich deinen Garten ergänzt, bringt er einen weiteren Lebensbereich und damit eine große Vielfalt an Lebewesen. Aber Wasser kann und ist noch so viel mehr. Es beeinflusst unser Klima und es verändert sich ebenso mit dem Klima: Dürren, wo sonst das Wasser nie knapp war, und Überschwemmungen, die mancherorts dramatisch zugenommen haben – beides vernichtend, beides zu größten Teilen menschengemacht durch den Klimawandel.

WASSER IST IMMER INTERESSANT UND ENTSPANNEND. WARUM LEITEN WIR ALSO REGENWASSER SO SCHNELL IN DIE KANALISATION?

> WASSER HAT DIE MACHT, LEBEN ZU GEBEN UND LEBEN ZU NEHMEN. SEGEN UND FLUCH, ABER ESSENZIELL FÜR DAS LEBEN.

Stopp der Verschwendung

Auch in deinem Garten ist Wasser das Element, das maßgeblich über Leben und Tod entscheidet. Ohne Wasser werden deine Nutzpflanzen irgendwann vertrocknen. Dem willst du natürlich vorbeugen, indem du, wenn nötig, gießt. Am einfachsten für viele ist der Anschluss eines Gartenschlauches an das Trinkwassersystem. Hahn auf und „zack –" Wasser marsch. Aber Trinkwasser ist zum einen teuer und zum anderen ist es schlicht und ergreifend zu wertvoll, um zum Gießen verwendet zu werden. Deinen Pflanzen schmeckt es auch meist nicht so gut. Einige reagieren sogar sehr empfindlich auf den möglichen Chlor- oder den zu hohen Magnesium- und Calciumgehalt.

Viel gesünder für dein Gemüse, für die Umwelt und auch für deinen Geldbeutel ist Regenwasser. Wasser steigt als Dampf in den Himmel, Kalk, Mineralien und Phosphate bleiben dabei auf dem Erdboden zurück. Regenwasser ist also, wenn es auf die Erde fällt, sehr rein. Es ist nicht hart, sondern weich. Das kannst du sogar mit deinen Händen spüren.

Du kannst Regenwasser auf mehrere Arten sammeln: von der einfachen Regentonne bis hin zur großen Regenwasserzisterne, die unterirdisch eingebaut ein großes Fassungsvermögen hat.

Du kannst noch mehr tun, um den Wasserverbrauch deines Gartens so gering wie möglich zu halten. Auch Nutzpflanzen sollten nicht zu oft und nicht zu viel gegossen werden, da sie sich dann auf die Unterstützung verlassen und weniger starke Wurzeln ausbilden. Viele einheimische Pflanzen, welche die Artenvielfalt zu dir bringt, kommen generell mit sehr wenig Wasser zurecht. Wichtig ist, dass du bei der Auswahl dieser Pflanzen darauf achtest, welche Ansprüche sie haben und dass sie unseren immer trockeneren Sommern angepasst sind.

DER FLACHWASSERTEICH

DIE PLATTBAUCHLIBELLE LEGT IHRE EIER BEVORZUGT IN KLEINSTGEWÄSSER. IHRE LARVEN LEBEN RÄUBERISCH UNTER DER WASSEROBERFLÄCHE.

Die meisten Gärtner antworten auf die Frage, wie tief ein Gartenteich eigentlich sein sollte, mit der magischen Zahl „80 cm". Was hat es mit diesen 80 cm auf sich? In normalen Wintern mit mehreren Wochen Dauerfrost, die es heute eigentlich nicht mehr gibt, kann ein Teich tatsächlich in den obersten 10–30 cm zufrieren. Das Wasser darunter ist von der Luft abgeschnitten, es kann kein Sauerstoffaustausch mehr stattfinden. Fäulnis durch vermodernde Pflanzen oder Bodenschlamm verschärft dieses Problem noch und größere Tiere wie etwa Fische können dann tatsächlich ersticken. Wenn also ein Teich mindestens 80 cm tief ist, sind die Fische sicher. Das ist Fakt. Gemeint sind im heutigen Gartenverständnis primär Goldfische und ihre größeren Verwandten, die Kois. Man muss aber wissen, dass Fische wahre „Vielfaltsstaubsauger" in einem Gartenteich sind, denn sie ernähren sich von kleinen Tieren wie Wasserflöhen oder sonstigen Larven, ja, sogar Kaulquappen und Molchlarven werden nicht verschmäht. Die einzigen Kaulquappen, die von Fischen aus Geschmacksgründen nicht gefressen werden, sind die der Erdkröte. Deswegen kann man große Schwärme von ihnen auch in mit Fischen besetzten Teichen sehen. Die kleinen Tiere, die einen natürlichen Teich durch ihre Tätigkeit säubern und klar halten, fehlen – und teure Reinigungsanlagen werden eingebaut.

Bye bye, Goldie

Wer an Vielfalt und einem artenreichen Teich interessiert ist, verabschiedet sich am besten von Goldfischen und Co. Man darf die Tiere aber nicht in einen anderen Teich draußen in der Natur setzen! Denn dann verlagert sich das Problem nur. Ein alternativer Ansatz: Ein geangelter Fisch im Pflanzloch einer Tomate wirkt extrem wuchsfördernd auf den Fruchtansatz.

Der zweite Gedanke ergibt sich sofort als Konsequenz: Die magischen 80 cm sind nicht mehr entscheidend. Wertvolle Teiche können deutlich flacher sein. Alle einheimischen Amphibien überwintern an Land, um dem Risiko des Einfrierens mit Tod durch Sauerstoffmangel zu entgehen. Sie wandern erst im Frühling zu den Teichen und Laichgewässern, egal ob Molche, Unken, Frösche oder Kröten. Der Grasfrosch ist eine halbe Ausnahme, denn er kommt manchmal schon Ende Januar oder Anfang Februar am Gewässer an und kann dann bei langanhaltender großer Kälte im Februar doch noch Probleme bekommen.

Ein Gewässer kann sehr vielfältig aussehen. Es kann in voller Sonne ebenso liegen wie im tiefen Schatten. Jedes dieser Gewässer wird andere Tiere anziehen und eine eigene Dynamik entwickeln. Selbst eine austrocknende Pfütze liefert mit dem feuchten Schlamm darin das notwendige Baumaterial für Schwalbennester.

Eine Pfütze voller Leben

Eine Pfütze etwa, die für drei Monate Wasser hält, kann der ideale Lebensraum für hochspezialisierte und extrem seltene Amphibien wie Gelbbauchunke, Wechsel- und Kreuzkröte sein. Ihre Kaulquappen fressen keine Pflanzen, sondern filtrieren Bodenschlamm. In dem warmen Wasser wachsen sie schnell heran. In der Pfütze gibt es kaum Feinde wie Libellenlarven oder räuberische Käfer. Sie sind allerdings gefährdet, wenn die Pfütze vor der Metamorphose austrocknet.

Ein Kleinteich

Das Mindestvolumen für einen Kleinteich beträgt etwa 1 m^3. Als Bepflanzung sind dann schon eine kleine Seerose (*Nymphaea*) in der Mitte und zusätzlich Schwimmendes Laichkraut (*Potamogeton natans*) möglich. 40 cm Tiefe reichen aus. In solchen kleinen Teichen kommen bereits viele Arten wie Bergmolch, Teichmolch, Grasfrosch und Erdkröte zur erfolgreichen Vermehrung.

Der Übergang zu einem tieferen Teich mit mehreren Vegetationsebenen ist dann fließend, das Wasservolumen nimmt, wie die Bepflanzung, die zu gestaltende Uferzone und die Anzahl der möglichen Tierarten, zu. Große und gut strukturierte Teiche, die viel Nahrung an Fluginsekten bieten, werden dann von den sehr agilen Wasserfröschen dominiert.

→ wasser zurückhalten

#machsnachhaltig

Einen Teich anlegen

> Erst das Vlies, dann Folie, dann Verputzgitter und dann 1 bis 2 cm Fertigbeton.
> Diese Konstruktion hält auch spielenden Kindern oder Hundekrallen stand.

Theoretisch ist der Bau eines Teiches, ob es sich nun um eine Pfütze oder einen riesigen Schwimmteich handelt, immer gleich. Großes Glück hast du, wenn du einen Teich dort bauen willst, wo schon eine wasserundurchlässige Lehmschicht im Boden vorhanden ist. Dann reicht es, ein Loch zu graben. Hält der Untergrund nicht ausreichend und dauerhaft das Wasser, kannst du versuchen, einen Lehmteich zu bauen. Der Untergrund muss mit schwerem Gerät massiv verdichtet werden. Darauf kommen dann überall zusätzlich mindestens 15 cm Lehm. Am einfachsten wird dir aber ein Teich mit Folie gelingen.

Der Folienteich

Hebe zunächst ein Loch aus. Je flacher die Steigungen, desto einfacher die spätere Verlegung von Vlies und Folie. Mithilfe einer Wasserwage und langen Latten kannst du ungefähr den Wasserspiegel abschätzen. Zuerst wird das Vlies ausgebreitet, es schützt die darauf verlegte Folie vor spitzen Steinen oder Wurzeln von unten. Sollte das Vlies Falten werfen, kann es eingeschnitten und an den betreffenden Stellen überlappend verlegt werden. Jetzt folgt die Folie. Je mehr Stufen mit stärkerem Gefälle dein Teich aufweist, desto schwieriger wird eine möglichst faltenarme Verlegung.

Zum Schluss Wasser einfüllen und fertig. Fast! Besser ist es, vorher noch durch eine einfache, nicht allzu aufwendige Maßnahme die Folie zu schützen und gleichzeitig die schwarze Farbe zu kaschieren. Dazu wird in deiner Teichkuhle faltenfrei ein Verputzgitter, auch Armierungsgewebe genannt, auf der Folie verlegt. Bei Bedarf kann das Gitter leicht mit einer Schere eingeschnitten werden, um Falten zu vermeiden. Fertig- oder Estrichbeton aus dem Sack wird mit der angegebenen Menge Wasser in einer Mörtelwanne gemischt und mit Hilfe einer Kelle gleichmäßig 2–3 cm dick auf dem Gitter glatt verstrichen. Rechne pro Quadratmeter Oberfläche mit einem 20-kg-Sack Beton. Optimal ist die Konsistenz, wenn es sich wie Zahnpasta anfühlt. Gerne kannst du Farbpigmente mit einmischen, um den Beton farblich an die Steine anzupassen, die du am Ufer verlegen wirst. Einzelne Trittsteine oder Kiesel kannst du gut im noch feuchten Beton platzieren. Eine Woche bis zehn Tage solltest du die Teichschale austrocknen lassen. Bei Sonnenschein solltest du den feuchten Beton mit einer Abdeckung vor zu schneller Austrocknung schützen.

Jetzt aber Wasser einfüllen und fertig? Fast! Wenn du dir Wasserpflanzen wünschst, kannst du sie jetzt mit beschwerten Pflanzkörben einsetzen. Das Ufer lässt sich nach deinem Geschmack mit Pflanzen, Totholz und Steinen gestalten. Jetzt aber: Wasser marsch!

Teichpflege

Jeder Teich muss alle paar Jahre gereinigt werden, falls er sich auf Dauer nicht zu einem Sumpfbeet entwickeln soll. Schlamm und Algen können mit einem Kescher abgefischt und zur Düngung der Beete verwendet werden. Tiere im Kescher können wieder zurückgesetzt werden. Je weniger organisches Material wie etwa Laub im Teich landet, desto weniger Schlamm wird sich entwickeln.

→ wasser zurückhalten

#machsnachhaltig

DACHWASSER NUTZEN

Das beste Wasser, welches in einem Garten zum Gießen und zum Teichbefüllen verwendet werden kann, ist Regenwasser. Dieses hochwertige Wasser fließt nach jedem Regen bei vielen Häusern in einem dicken Rohr direkt vom Hausdach in die Kanalisation und ist für deine Zwecke verloren. Klar, das Wasser wird nur periodisch zur Verfügung stehen, aber es ist umsonst und hat beste Qualität.

Deswegen betrachte alle Fallrohre einmal unter diesem Aspekt: Kann dieses Wasser sinnvoll auf einen Teil des Gartens geleitet werden? Wenn ein natürliches Gefälle besteht, ist es perfekt. Ein kleiner Bachlauf, der nur Wasser führt, wenn es geregnet hat, schlängelt sich zum Beispiel durch deine Blumenwiese und endet in einem „Dachrinnensumpf".

Ist kein Gefälle vorhanden, wird die Dachrinne einfach höher angezapft und das Wasser mit einer Querverbindung zu einem Tank geleitet oder an eine Stelle, an der ein Gefälle eingerichtet werden kann.

Der Bachlauf in der Blumenwiese

Der Bachlauf wird mit einem langen schmalen Folienstück ausgekleidet und mit einem schützenden Betonmantel versehen (Seite 102ff.). Einzelne Folienstücke lässt du 20 cm überlappen. Du kannst große Steine, flache Becken oder tiefere Abschnitte, in denen das Wasser nach einem Regenguss auch längere Zeit oder dauerhaft stehen bleibt, in deine Gestaltung einfügen. Becken könnten auch als offener Gießvorrat direkt neben den Gemüsebeeten vorgesehen sein. Auch handelsübliche feste Teichschalen lassen sich geschickt einbauen.

Wenn an einer Stelle Wasser überläuft und im Boden versickert, ist das der perfekte Ort für Sumpfpflanzen (Seite 37). An anderen Übergangsbereichen lassen sich Ruderalpflanzen und der sonnige Saum gut etablieren (Seiten 22ff. und 35). Führt die Wasserader durch einen schattigen Bereich, eignen sich natürlich Schattenpflanzen (Seite 32ff.).

So entsteht eine geniale Wasserwelt mit wertvollen Ökotonen (Seite 58), die einer Vielzahl von

Paletten bekommst du oft kostenlos. Mit Dachziegeln belegt wird das wertvolle Regenwasser in den Teich geleitet. Bepflanzte Firstziegel werten zusätzlich auf.

Pflanzen und Tieren Lebensraum bietet. Ein Highlight deines Gartens – und du musst dazu nur deine Dachrinnen anzapfen!

Flache Sammeldächer

Zusätzlich Wasser auffangen kannst du mit extra errichteten Sammeldächern. Diese müssen gar nicht in der Höhe angebracht sein, knapp über dem Boden genügt. Holzpaletten sind dazu sehr gut geeignet, sie sind stabil und auf den Querleisten lassen sich, ohne Aufnageln weiterer Leisten, Dachziegel in Reihen auflegen. Mithilfe von Steinen darunter lassen sich diese kleinen Dächer leicht mit der erforderlichen Neigung stabil fixieren. Wenn in deiner Nähe ein Hausdach neu eingedeckt wird, stehen Paletten und alte Ziegel – nach freundlichem Fragen – oft umsonst zum Abtransport bereit.

Die Oberfläche des Daches kann weiter genutzt werden, zum Beispiel für umgedrehte Firstziegel oder andere Gefäße mit hitzeverträglichen Pflanzen darin. Ein Regenschauer gießt deine Pflanzen und das überschüssige Wasser wird weiter genutzt – ideal!

Unter den Dächern wird es natürlich trockener. Nutze es für eine Igeltopia (Seite 112ff.) oder deponiere Totholz und andere organische Materialien, die wiederum für Insekten Lebensraum bieten.

Das gewonnene Wasser kannst du in Kleinteiche oder in ein Sumpfbeet leiten. Oder direkt in den Boden versickern lassen – das Nebeneinander von feucht und trocken ist ein wertvoller Gegensatz in der Natur!

GEGENSÄTZE ERWÜNSCHT

Bemühe dich, in deiner Gartengestaltung immer um starke Gegensätze. Grabe ein Loch und schütte daneben Erde auf. Neben der Sonne darf tiefer Schatten sein. Lebloses Material wie Holz und Steine gehören direkt in die Vegetation.

FEATURE

Balkontipp: Tränke

In trockener Umgebung, heiß und gnadenlos, gibt es eine Insel der Glückseligen: die Oase. Hier ist Wasser und deswegen Vegetation und deswegen Nahrung. Wer in einer Wüste unterwegs ist, wird, wenn er Tiere beobachten will, aus gutem Grund bevorzugt Wasserstellen aufsuchen.

Vogeltränke und Vogelbad

An Nistkästen oder Vogelfütterung ist auf einem Balkon schnell gedacht, Wasser ist aber ebenso wichtig! Mithilfe von Tränken kann man diesen Mangel schnell beheben.

Versteckt hinter der Glasscheibe kann man dann interessante Beobachtungen machen: Wie verhalten sich Vögel am Wasser? So trinken etwa Sperlinge ganz anders als Tauben. Der Spatz hebt den Kopf, um das Wasser in seinen Rachen zu bringen, die Taube saugt es mit gesenktem Kopf auf. Manche Vögel baden gerne im Wasser, andere bevorzugen ein trockenes Sandbad. Alle Tiere, die den neuen Wellnessbereich kennengelernt haben, werden regelmäßig zurückkehren.

Die Tiere sollen das Wasser leicht erreichen können, ohne Gefahr zu laufen, zu ertrinken. Stabile Tränken gibt es eigentlich nur aus Terrakotta und Naturstein. Sie dürften für viele Balkone schnell zu groß und zu schwer werden. Kleinere Gefäße sind oft nur aus Plastik, Edelstahl oder glasierter Keramik. Darauf sollte man achten:

- **Alle Tränken sollten flach sein:** 2–5 cm Wassertiefe reichen aus.
- **Ist das Gefäß tiefer, muss es ein langsam abfallendes Gefälle und einen rauen Untergrund haben,** damit die Vögel nicht abrutschen.
- **Die Tränken müssen einen sicheren Stand haben und dürfen nicht umkippen,** wenn schwerere Vögel am Rand sitzen. Bei leichten Schalen deswegen unbedingt einen großen Stein in die Mitte legen.
- **Mehrere kleinere Steine, die gerade über den Wasserspiegel reichen,** geben den Vögeln Sicherheit und ermöglichen Landeplätze.
- **Die Tränke muss so platziert sein, dass die Tiere frei anfliegen können,** sich sicher fühlen

Moos lässt sich leicht in einer Schale mit Wasser drapieren. So entsteht ein sicherer Landeplatz für Insekten, auch auf deinem Balkon.

und von einem erhöhten Standort aus, die Umgebung überblicken können.

- Auch für uns Balkonbesitzer sollte die Tränke gut erreichbar sein, denn das Gefäß muss regelmäßig gereinigt und das Wasser gewechselt werden. Niemand will, dass sich die Tiere gegenseitig mit Krankheiten infizieren. Im Sommer ist es sinnvoll, täglich mit einer Bürste und heißem Wasser zu schrubben. In der kühleren Jahreszeit reicht eine Säuberung einmal in der Woche. Auf chemische Mittel wird logischerweise verzichtet.

Auch Insekten brauchen Wasser

Für Insekten, hier sind vorrangig die Honigbienen und verschiedene Wespenarten gemeint, ist ein sicherer Landeplatz am Wasser entscheidend. Fallen Insekten ins offene Wasser, ist das meist ihr Todesurteil. Deswegen braucht eine Insektentränke einen sicheren Landeplatz und eine Vielzahl von Strukturen im Wasser, an denen sich die Tiere festhalten können, wenn sie das Wasser mit ihren Mundwerkzeugen aufsaugen. Moospolster, kleine Ast- und Rindenstücke, in eine flache Schale mit Wasser gelegt, sind ausreichend. Auch hier wird einmal die Woche gereinigt und frisches Wasser nachgefüllt.

Die solitären Insekten kommen vorwiegend nicht an die Tränke, um ihren Durst zu stillen, sondern um Wasser abzutransportieren, welches in den umfangreichen Bauten und Nestern zur Verdunstung und somit zur Kühlung verwendet wird. Insekten nehmen unter normalen Umständen genügend Flüssigkeit über den Blütennektar auf. Dennoch kann es sein, dass Blumen gerade in heißen Wochen ihre Nektarproduktion einstellen, um selbst Wasser zu sparen. Dann bekommen auch Insekten Durst.

WILDNIS-WOHNRAUM

Wenn du etwas für Tiere tun willst, musst du sie samt ihrer Gewohnheiten gut kennen. Jedes Lebewesen ist eingebunden in die vier Jahreszeiten, die einen ewigen Rhythmus vorgeben. Zwei Dimensionen sind entscheidend: Zeit und Raum. Hier finden sich dann Nahrung, Ruhe- und Schlafplätze, Nistplätze, Reviere, Begegnungsstätten mit Tieren der gleichen Art, Schutzzonen vor Feinden und Plätze für die Überwinterung.

DIE ENTSCHEIDUNG FÜRS LEBEN

Es muss Hilfe und Unterstützung geben. Schnell und für alle: für Igel, Insekten, Eidechsen, Kröten, Vögel … Verstecke, Unterkunft und Behausungen, mit Nahrung für jeden – Lebensraum eben. Für so viele unterschiedliche Lebewesen, mit Ansprüchen, die unterschiedlicher nicht sein könnten. In den Dimensionen Zeit und Raum.

Der eine will es trocken, aber bitte schön ausgepolstert und mit Klettermöglichkeiten. Der andere findet trocken zwar gut, besteht aber auf ein sandiges Kellergeschoss mit Sonnendeck. Der nächste findet trocken öde und zieht nur ein, wenn es schön kühl und feucht ist. Schwimmen im Wasser, Graben im Sand, Stöbern im Kompost und Springen im Geäst. Hungrig sind sie alle, auf Laub, Holz, den Kompost an sich und die kleinen Tiere, die sich davon ernähren. Jeder Gast im Garten hat eigene Vorstellungen und Wünsche an seine Umgebung. An jedem Tag im Jahr. In den Dimensionen Zeit und Raum.

Mit Geduld gegen Überforderung

Wenn du nun versuchst, es allen gleichzeitig recht zu machen, kann das stressen. Leicht kommt ein Gefühl der Überforderung auf. Deswegen führe die Wandlung Schritt für Schritt aus. Wunderbar eignen sich hierzu sogenannte Naturmodule, die als einfache Strukturen einzeln gebaut werden können und sich zu komplexen Lebenswelten kombinieren lassen.

Totholz ist ein wichtiges Naturmodul. Kreativ zur Gestaltung eingesetzt, leben sehr viele Insektenlarven davon.

WAS IST EIN NATURMODUL?

Es ist ein kleines Projekt, das mehr Natur in den Garten holt – zum Beispiel Komposthaufen, Sonnenfalle, Steinpyramide, Käferkeller aus Totholz, Sandarium, Teich oder Tümpel, Sumpfbeet, Benjeshecke, ja, sogar ein umgedrehter Wurzelstock. Du findest konkrete Module auf den folgenden Seiten.

DACHZIEGEL LASSEN SICH VIELFÄLTIG EINSETZEN UND VERBAUEN. TONZIEGEL SIND ABSOLUT UNBEDENKLICH UND IN DER REGEL UMSONST ODER SEHR GÜNSTIG ZU BEKOMMEN.

Mit einem einzigen Projekt starten …

Überlege, welches Material du vielleicht sowieso schon vorrätig hast. Oder was liegt dir besonders am Herzen? Hast du möglicherweise ein Tier entdeckt und willst die Situation für dieses Tier verbessern?

Modul um Modul wird dein Garten reicher an Lebensraum und somit reicher an Artenvielfalt. Jedes Naturmodul wird von unterschiedlichsten Tieren genutzt und schafft Erleichterungen für sie alle. Entfernst du etwa fremdländische Sträucher, um sie durch einheimische zu ersetzen, hast du schon Material für eine Benjeshecke (Seite 66), einen Reisighaufen oder einen Käferkeller (Seite 31). Beim Abmagern eines Rasenstücks fallen womöglich Rasensoden und Erdaushub an, die dein nächstes Nutzbeet füttern können.

Wenn du Augen und Ohren offen hältst, finden viele Materialien den Weg zu dir. Bei Freunden wird die Gartenhütte neu eingedeckt und die alten Dachziegel bleiben übrig, deren Entsorgung auch noch Geld kostet? Eine Auffahrt in der Nähe wurde gepflastert und das Zuviel an Schotter oder Sand ist zu verschenken? Diese Gelegenheiten werden dir plötzlich auffallen, weil du weißt, was du gebrauchen kannst.

Stück für Stück wirst du gut weiterkommen. Fotografiere die Ausgangssituation und das, was du daraus gemacht hast. Es wird dir sonst niemand glauben.

→ wildnis-wohnraum

#machsnachhaltig

IGELTOPIA

Ein gewaltiges Igeltopia versteckt sich in der Hecke und bietet das ideale Winterquartier für das „Heckenschwein".

diy-anleitung ← 113

Für wen → Für den Igel, eines der ältesten Säugetiere unserer Erde, dessen Vorfahren noch mit den Dinosauriern zusammengelebt haben. Er ist durch Verkehr und Versiegelung der Flächen bedroht. Der Rückgang der Insekten vermindert immens das Nahrungsangebot für diesen Sympathieträger mit steiler Tendenz zur „Roten Liste".

Was soll erreicht werden → Sein englischer Name *Hedgehog*, übersetzt „Heckenschwein" ist schon sehr bezeichnend für den Lebensraum, den er braucht. Hecken, Sträucher, wildwuchernde Ranken, Reisig- und Laubhaufen bieten ihm Nestplatz und Verstecke. Solche Strukturen sind in der auf- und oft richtig leergeräumten Landschaft kaum noch vorhanden. Es fehlt an naturnahen Gärten und Grünflächen. Hinzu kommt, dass der Igel ein kleiner Jäger ist, der sich nicht von Früchten ernährt, es sei denn, darin schlummert eine fette Made. Er frisst Insekten wie Laufkäfer, Tausendfüßler, Regenwürmer, gelegentlich Schnecken und Spinnen, aber auch Vogeleier oder kleinere Säugetiere. Durch die immer sterileren Gärten, leergefegten Rasen und nutzlosen Thuja-Hecken wird seinem Speiseplan aber der Lebensraum entzogen. Wer für die Lebensgrundlage vieler Insekten und ein gesundes Bodenleben sorgt, hilft auch dem Igel.

Material → sechs Kanthölzer (8 cm breit, 50 cm lang) oder dicke Äste, dünne Stämme unterschiedlicher Länge, kleinere Zweige, Reisig, Bretter und reichlich Laub

Zeit → ein halber Tag

So geht's:

1. Suche einen geeigneten Platz: Ideal ist ein geschützter, halb schattiger Ort unter einem Strauch. Der Igel soll im Frühling, wenn die Sonne den Haufen aufwärmt, nicht zu früh aus dem Winterschlaf erwachen.
2. Gestalte einen Hohlraum von etwa 30 x 30 cm Bodenfläche: Zwei 8 cm dicke Kanthölzer werden im Abstand von etwa 30 cm auf den Boden gelegt, zwei weitere im rechten Winkel daraufgelegt, dann die letzten beiden in der gleichen Ausrichtung wie die ersten Kanthölzer aufgelegt. Es entsteht ein stabiles Viereck. Diese Grundstruktur kann auch mit dicken Ästen oder dünnen Stämmen aufgebaut werden.
3. Lege einen Eingang fest: Unter einem der als zweites aufgelegen Querhölzern wird der Boden ein wenig vertieft, hier kann der Igel hineinschlüpfen.
4. Die Grundfläche des Hohlraums wird mit Erde, Holzschnitzeln oder Sand etwas erhöht. Es sollte sich keine Mulde bilden, in der sich Wasser sammeln kann. Gib zusätzlich locker aufgestreutes Laub in den Hohlraum.
5. Verschließe den Hohlraum oben durch aufgelegte Äste oder Bretter, gerne auch verkeilt, um die Stabilität zu erhöhen.
6. Eindeckung mit Laub: Schütte viel Laub auf die Konstruktion, der Haufen darf gerne eine Höhe von 1,20 m erreichen.
7. Mit Tannen- oder Fichtenreisig als oberste Abdeckung wird alles stabilisiert und verhindert, dass das Laub vom Winde verweht wird. Den Eingangsbereich mit Reisig offenhalten.
8. Biete in der Nähe weiteres Laub an, dann räumt sich der Igel sein neues Wohnzimmer selbstständig weiter ein.

→ wildnis-wohnraum

#machsnachhaltig

AMPHI-FESTUNG

Für wen → Für wechselwarme Amphibien. Da es allerdings viele verschiedene Arten gibt, mit teils sehr speziellen Ansprüchen, konzentrieren wir uns auf Erdkröte, Grasfrosch, Berg- und Teichmolch. Sie sind noch keine bedrohten Arten, und die Wahrscheinlichkeit, dass sie sich bei dir ansiedeln, ist relativ hoch. Sie lieben feuchtere Rückzugsorte mit einer Vielzahl an Verstecken.

Was soll erreicht werden → Der Straßenverkehr kostet jedes Jahr vielen Amphibien das Leben, wenn sie bei ihrer Wanderung im Frühjahr die Straßen bei Dämmerung überqueren, um zu ihren Laichgewässern zu gelangen (die Anlage eines Gewässers für die Fortpflanzung in deinem Garten ist fast schon obligatorisch, Seite 102ff.). Die Rückzugsorte, die sie am Tage aufsuchen, und auch Winterquartiere werden immer stärker begrenzt. Hecken, Gebüsche und Reisighaufen sind aus der Landschaft oft verschwunden. Vergessene, zerfallene Mauern oder Haufen mit Totholz sind für viele Menschen „Müllhaufen" und werden weggeräumt. Ordnung ist in vielen Gärten wichtiger als Artenreichtum. Das kann sich ändern! Die Umgebung des Laichgewässers sollte möglichst attraktiv mit vielen, auch frostfreien Versteckmöglichkeiten gestaltet sein, um Wanderwege möglichst kurz zu halten. In einer Krötenfestung entwickelt sich auch eine Menge anderes Leben, welches wiederum oft auf der Speisekarte der Amphibien steht. Denn sie fressen ausschließlich Insekten, Würmer, Schnecken oder Spinnen. Bodenlebende Insekten, wie etwa Käfer oder Asseln, lassen sich durch viel Totholz und einen Käferkeller fördern.

Material → Totholz, große Steine, Bretter, Laub, Reisig, Tontöpfe, Tonscherben, Spaten

Zeit → ein halber bis ganzer Tag

Hier entstehen genügend Hohlräume für die Amphi-Festung. Der Teich zum Laichen ist nicht weit, für die Nahrung Insekten ist gesorgt.

Der Grasfrosch ist der erste Lurch, der nach der Überwinterung an den Laichgewässern auftaucht und mit einem leisen Knurren die Weibchen anlockt.

So geht's:

1. Suche einen geeigneten Platz: Schattige Strukturen wie Gebüsch, Sträucher oder Hecken und nordseitige Mauern sind ideal. Dort ist es schattig, und die Feuchtigkeit hält sich etwas länger.
2. Grabe ein Loch: zwischen 50 und 80 cm tief und mit flacher Neigung. Der Aushub kann neben dem Loch aufgeschüttet werden.
3. Lege eine Dränage an: Fülle dieses Loch 5–10 cm hoch mit grobem Schotter; so wird Staunässe verhindert.
4. Fülle das Loch weiter mit grobem Material auf: Totholz, Rindenstücke und große Steine werden locker eingeschichtet, es sollen möglichst viele unterschiedliche Hohlräume entstehen. In der Tiefe entstehen so frostfreie Überwinterungsmöglichkeiten.
5. Grabe Tontöpfe ein. Zusätzliche Höhlen an der Oberfläche entstehen, wenn die Töpfe schräg eingegraben werden. Es muss nur ein Spalt von wenigen Zentimetern offen bleiben.
6. Decke die Festung mit Laub gut ab und sichere es mit Reisig. Das bietet im Winter zusätzlichen Frostschutz bei der Überwinterung.

→ wildnis-wohnraum

#machsnachhaltig

DINOHAUSEN

Für wen → Für drei einheimische Eidechsenarten: Zaun-, Mauer- und Smaragdeidechse. Sie sind hochgradig bedroht. Durch ihre wechselwarme Lebensweise brauchen sie gerade am kühlen Morgen Steine und Strukturen, die vegetationsfrei sind und die Sonnenwärme gut aufnehmen. In diesen Stunden sind sie sehr leichte Beute für Hauskatzen. Zwar kann eine Eidechse bei Zugriff ihren Schwanz abwerfen, aber sie verliert damit auch die Fettreserven für ihre Winterstarre und verhungert häufig unbemerkt.

Das trächtige Eidechsenweibchen wird bald eine sandige und sonnige Stelle in Dinohausen aufsuchen, um ihre Eier abzulegen.

Was soll erreicht werden → Eine katzensichere, warme Umgebung mit viel Stein, Versteckmöglichkeiten und vielfältiger Insektennahrung sind unbedingt notwendig. Alte Mauern wären gut geeignet, werden aber aus Sauberkeitswahn meist eingeebnet. Magerbeete mit offenen Bodenstellen und einheimischen Pflanzen bieten mit ihrer reichen Insektenwelt genug Nahrung. Frostfreie, tief in den Boden reichende Überwinterungsmöglichkeiten sind obligatorisch. Die Eier der Eidechsen werden in warme Bodenbereiche abgelegt, etwa in Sandhaufen und geschützte, von der Sonne gewärmte Felsnischen. Mit der Zeit und langsamen Annäherungsversuchen können dann wilde Eidechsen zahm werden, und du kannst deine kleinen Drachen mit Leckerbissen, wie Regenwürmern aus dem Komposthaufen, direkt aus der Hand füttern. Sie sind sehr ortstreu und halten sich lange Zeit an den immer gleichen Lieblingsplätzen auf.

Material → Steine, Totholz, Reisig, Spaten, Sand, dornige Zweige, eventuell feinmaschiger Draht oder Maschendrahtzaun zur Sicherung sensibler Bereiche vor Katzen

Zeit → Eine Eidechsenlebenswelt ist umso erfolgreicher, je großräumiger sie angelegt ist. An einem Nachmittag ist viel erreicht, aber du kannst dich auch wochenlang mit dem Thema beschäftigen.

So geht's:

1. Suche einen geeigneten Platz: Sonnige Strukturen wie vor einer Südmauer sind ideal. Dort ist es heiß und schattige Versteckmöglichkeiten sind schnell gebaut.
2. Grabe ein Loch: 50–80 cm tief mit nicht zu steiler Neigung. Der Aushub wird woanders im Garten untergebracht.
3. Lege eine Dränage an: Dieses Loch füllst du 5–10 cm hoch mit grobem Schotter; um Staunässe zu verhindern.
4. Fülle das Loch weiter mit grobem Material auf. Große Steine werden locker eingeschichtet, es sollen möglichst viele unterschiedliche Hohlräume entstehen. In der Tiefe entstehen so frostfreie Überwinterungsmöglichkeiten.
5. Baue weiter nach oben. Dir sind keine Grenzen gesetzt, du kannst Steinmauern, dicke Totholzstämme und Reisig beliebig kombinieren mit Abschnitten, die als Magerbeete (Seite 24ff.) gestaltet und bepflanzt sind.
6. Schütte immer wieder Sand auf zwischen den einzelnen Strukturen: als Eiablageplatz.
7. Dinohausen braucht Schutz! Zäune halten großräumig Katzen ab, denn sie werden eventuell den Sand zum Koten lieben. Sensible Bereiche und Dinos Lieblingsplätze lassen sich zusätzlich mit dornigen Zweigen kleinräumig schützen.

Eine Traumlandschaft für bedrohte Eidechsen, sofern das Ganze katzensicher ist.

→ wildnis-wohnraum

#machsnachhaltig

BATMANSBAR

Für wen → Für die wahren Superhelden der Nacht: Fledermäuse! Die einzigen Säugetiere unserer Erde, die jemals das aktive Fliegen erlernt haben. Der Konkurrenz zu den Vögeln weichen sie durch die Zeitnische Nacht aus. Durch Echopeilung orientieren sie sich in der Dunkelheit mit einem dem Sehen vergleichbaren, perfekten Raumhören. Die Hochleistungsflieger haben einen sehr hohen Energieumsatz.

Was soll erreicht werden → In Deutschland sind 25 Arten von Batmans kleinen Geschwistern heimisch. Sie haben teils witzige Namen, wie Braunes Langohr, Hufeisennase, Mopsfledermaus oder Mückenfledermaus. Gar nicht witzig ist ihre Lebenssituation. Alle heimischen Fledermäuse stehen auf der Roten Liste der vom Aussterben bedrohten Tierarten. Ihre Schlaf- und Winterquartiere werden oft unwissentlich durch Gebäudesanierung oder Dachbodenausbau zerstört. Bunker, Höhlen oder alte Stollen werden als Gefahrenquellen definiert und zubetoniert. Alte, hohle Bäume werden entfernt und die Altholzbestände gefällt. Zur Wohnungsknappheit kommt noch der Nahrungsmangel. Als reine Insektenfresser, ausschließlich dämmerungs- und nachtaktiv, spüren die Fledermäuse den Insektenschwund bitter. Giftfreies Gärtnern in Verbindung mit Aufbau struktureller Vielfalt ist der einzige Weg zur Unterstützung der Nahrung, den fliegenden Nachtinsekten. Neben dem Aufhängen von Nisthilfen braucht es gezielt einheimische Pflanzenkombinationen für die nachtschwärmenden Insekten und ganz besonders Futterpflanzen für deren gefräßige Raupen. Teiche und Tümpel ziehen auch nachts eine Vielzahl von Insekten an. Deswegen kombiniere deinen Topfgarten auch mit einem Sumpfbeet oder einem kleinen offenen Wassertrog. Etliche Insekten, die nachts fliegen, entwickeln sich im Wasser, man denke nur an Mückenlarven.

Material → größere Pflanzgefäße wie Kübel, Zinkwannen, ausrangierte Badewannen, alte Schubkarren, Futtertröge etc., Bohrmaschine und passende Bohraufsätze, Tonscherben oder anderes Dränagematerial, Erde und eventuell Sand, außerdem geeignete Pflanzen

Zeit → für einen Kübel eine halbe Stunde, für die Anlage eines Beets einen Tag oder länger

Jeder Teich entlässt eine Vielzahl von fliegenden Insekten oder zieht nachts Insekten an. Ideales Jagdrevier für die Fledermäuse.

Die Blüten der Nachtkerze, die sich abends geöffnet haben, hängen verwelkt nach unten. Nachtfalter haben sich an der Skybar bedient.

So geht's:

1. Lege eine Dränage an: Wenn dein Pflanzgefäß nicht schon ein Abzugsloch hat, bohre Löcher in den Boden und fülle etwa 10 cm hoch Tonscherben oder anderes Material zur Dränage ein.
2. Fülle mageres Substrat ein, zum Beispiel Sand, Split und Blumenerde zu gleichen Teilen gemischt.
3. Setze die Pflanzen ein.

Geeignete Pflanzen

Name	Besonderheiten
Liguster (*Ligustrum vulgare*)	schnittverträglich, immergrün, Bienen- und Schmetterlingsweide, Raupenfutterpflanze für Nachtschwärmer
Duft-Nachtkerze (*Oenothera odorata*)	zweijährig, duftet am Abend für Nachtschwärmer, Raupenfutterpflanze
Nachtviole (*Hesperis matronalis*)	zwei- bis mehrjährig, mag es nährstoffreicher, duftet erst ab der Dämmerung intensiv, Nektarspender für Nachtschwärmer und Futterpflanze
Phlox (*Phlox paniculata*)	ausdauernde Staude, duftet intensiv, Nektarquelle, mag nicht zu trocken stehen
Weidenröschen (*Epilobium angustifolium*)	ausdauernd, sommergrün, wichtige Raupenfutterpflanze für Nachtschwärmer und Nektarquelle

#machsnachhaltig

DSCHUNGELTIPI

Es ist ein zarter Beginn, wenn die Kletterrose die Holzkonstruktion erobert. In ein paar Jahren ist ein Bollwerk mit guten Schutzeigenschaften entstanden. Eventuell muss mit weiteren Stützen stabilisiert werden.

Für wen → Für Vögel und alle, die Schutz und Rückzug brauchen. Raubfeinde, wie Katzen mit ausgeprägtem Jagdtrieb, lauern überall. Gute Verstecke, die Schutz vor Fressfeinden bieten, sind selten geworden. Der Zaunkönig ist durch seine geringe Größe und Wendigkeit ein Spezialist und dankbarer Bewohner solcher Strukturen. Auch andere Tiere sind froh, wenn sich ein sicheres Plätzchen findet.

Was soll erreicht werden → In unserer aufgeräumten Landschaft, den ordentlich geschnittenen Hecken und sauber gepflegten Rasengärten erscheint unsere Tierwelt oft wie auf einem Präsentierteller. Der Schutz vor Räubern fehlt. Es gibt kein dichtes Gestrüpp, in dem der Vogel geschützt brüten und seine Jungen aufziehen kann. Auch Schlafplätze für Nacht und Tag sind rar. Zu leicht fallen Vögel bevorzugt Katzen zum Opfer. Auch wenn sie manchmal nicht gefressen werden, sterben sie in der Regel an inneren Verletzungen später unbemerkt. Eine dichte Hecke ist nicht in jedem Garten umsetzbar und braucht auch Zeit zum Zuwachsen. Mit diesem Modul schaffst du einen Miniatur-Dschungel, in dem es Versteck, Schlafplatz und auch noch Nahrung gibt.

Material → Totholz, diverse Rank- und Kletterhilfen nach Geschmack und Verfügung, zum Beispiel lange Äste, Stecken, Bohnenstangen, eine Anstellleiter aus Holz, ein Rosenspalier, außerdem dornige Zweige, Kletter- und Schlingpflanzen (Vorschläge auf Seite 88), Schnur oder Draht zur Befestigung
Zeit → ein halber Tag plus Wachstumszeit der Pflanzen

So geht's:

1. Suche einen geeigneten Platz: sonnig bis halbschattig, Platzbedarf mindestens 1,50 m im Durchmesser plus etwa 30 cm Pflanzbereich rundherum.
2. Markiere einen Kreis für die Grundfläche: Stecke einen Stab in die gedachte Mitte, befestige ein Band daran und ziehe im gewünschten Radius einen Kreis (den Pflanzbereich von ungefähr 30 cm rund um den Kreis im Hinterkopf behalten).
3. Staple entlang der Kreismarkierung Totholz pyramidenförmig und mindestens 1 m hoch.
4. Stelle die Stangen und Äste als Kletterhilfe so auf, dass sie an der Totholzpyramide lehnen und nicht umkippen können. Du kannst auch Weidenzweige versenken und anwachsen lassen (Seite 70ff.). Alles gut verankern und oben mit Schnur oder Draht stabil verbinden.
5. Errichte eine „Verteidigungslinie", indem du dornige Zweige auflegst. Damit verminderst du den Zugriff durch Räuber enorm.
6. Setze die Pflanzen ein und lenke sie zu Anfang nach oben, später finden sie allein den Weg.

Geeignete Pflanzen

Name	Besonderheiten
Jelängerjelieber (*Lonicera caprifolium*)	ausdauernd, sommergrün, schlingt sich empor, Blüten duften besonders abends (für Nachtschwärmer interessant), Vogelnährgehölz
Wald-Platterbse (*Lathyrus sylvestris*)	ausdauernd, zieht im Winter komplett ein, Blüten für Hummeln, erinnert an Wicken, wird nicht so hoch
Kriech-Rose (*Rosa arvensis*)	lässt sich in die Höhe leiten, gut schnittverträglich, Bienenweide, Vogelnährgehölz und dorniger, dichter Schutz
Wild- und Ramblerrosen	hier gibt es eine gute Auswahl an Kletterkünstlern für unterschiedliche Platzangebote

#MACHSNACHHALTIG-INFOS

Um in der Gesellschaft auf breiter Front einen Wandel herbeizuführen zu mehr Natur im Garten, braucht es Wissen, Handeln und Motivation. Damit dies zwischen Menschen ausgetauscht werden kann, bedarf es funktionierender Netzwerke und Bezugsquellen für einheimische Pflanzen, die eine Umgestaltung des eigenen Gartens erleichtern. Auf den folgenden Seiten erhältst du Tipps, Adressen und Literaturempfehlungen.

Das Hortus-Netzwerk

Bezugsquellen

Das „Hortus-Netzwerk" ist ein loser Zusammenschluss von interessierten Gärtnerinnen und Gärtnern, die ihren eigenen Garten mithilfe des von mir entwickelten „Drei-Zonen-Modells" für die Natur verbessern wollen. Über die Internetseite www.hortus-netzwerk.de sind ein Forum und unterschiedliche Facebook-Gruppen zugänglich. Eine Vielzahl kostenloser Informationen stehen zum Abruf bereit. Niemand ist zu irgendetwas verpflichtet, viele engagieren sich freiwillig und begeistert. Auf einer Karte kann jeder seinen Garten als Hortus eintragen lassen und sehen, ob in seiner Umgebung andere Interessierte mit der gleichen Zielsetzung gärtnern.

Weit über 600 Gärtner in Deutschland, Österreich, Schweiz und Frankreich haben ihren eigenen Garten schon zu einem Hortus verändert. Mit Erfolg! Die vergangenen Jahre haben in der bundesweiten Initiative „Deutschland summt" in der Kategorie „Privater Garten" regelmäßig Hortus-Gärten die vorderen Plätze belegt. Im Jahr 2019 wurde das „Hortus-Netzwerk" im Rahmen der UN-Dekade von den Vereinten Nationen als herausragendes Projekt zum Erhalt der biologischen Vielfalt ausgezeichnet. Immer wieder berichten Mitglieder von der gelungenen Wiederansiedlung seltener Insekten wie etwa Schwalbenschwanz und Perlmuttfalter. Unser Motto „Machen ist wie wollen, nur krasser" kann auch dich motivieren.
Herzlich willkommen!

www.hortus-netzwerk.de

Appels wilde Samen
(Wildpflanzensaatgut, Regiosaatgut)
www.appelswilde.de

Der Blumenzwiebelversand
(Blumenzwiebeln und Gartenorchideen)
www.der-blumenzwiebelversand.de

Dornenzauber
(Winterharte Kakteen und Sukkulenten)
www.dornenzauber.de

Hof Berg-Garten
(Wildpflanzen für Blumenwiesen und Naturgarten)
Lindenweg 17
79737 Herrischried
www.hof-berggarten.de

Keramikkunst Robert Muttenhammer
(Hummelkugeln, Insektenhotels, Igel-Iglus, Vogelnistkästen und -bäder)
https://shop.keramikkunst.bayern/

Lebensinseln
(Einheimisches Saatgut, Nisthilfen und Futterstationen)
Langenbrucker Str. 4
85309 Pörnbach
www.lebensinseln-shop.de

Zum Weiterlesen

Im Netz

Gastl, Markus:
Drei-Zonen-Garten: Vielfalt. Schönheit. Nutzen, Friedrich Pfeil Verlag, 2. Auflage 2015.

Gastl, Markus:
Permakultur und Naturgarten, Verlag Eugen Ulmer 2018.

Gastl, Markus:
Ideenbuch Nützlingshotels, Verlag Eugen Ulmer 2015.

Kawollek, Wolfgang, Kawollek, Marco: **Alles über Pflanzenvermehrung: Vegetative Vermehrung und Samenanzucht**, Verlag Eugen Ulmer, 2. Auflage 2016

Lepple, Annette:
Genießen statt Gießen, Verlag Eugen Ulmer, 2. Auflage 2020

Lorey, Heidi:
Gemüse und Blumen aus eigenem Saatgut: Samen vermehren und erhalten, Verlag Eugen Ulmer 2017

Polak, Paula:
Regenwasser im Garten nachhaltig nutzen: Naturnah planen, bauen und gestalten, pala Verlag 2011

Reif, Jonas, Kreß, Christian:
Blackbox-Gardening: Mit versamenden Pflanzen Gärten gestalten, Verlag Eugen Ulmer, 2014

Schwarzer, Elke:
Heimische Pflanzen für den Garten, Verlag Eugen Ulmer, 2. Auflage 2019

Schwarzer, Elke:
Mein Bienengarten, Verlag Eugen Ulmer, 2. Auflage 2020

Schwarzer, Elke:
Mein Schmetterlingsgarten, Verlag Eugen Ulmer 2019

Schwarzer, Elke:
Meise mag Melisse, Verlag Eugen Ulmer 2020

www.bluehende-landschaft.de
Netzwerk mit Informationen und Projekten rund um den Naturschutz

www.de-ipbes.de
Weiterführende Infos zum Artensterben

www.deutschland-summt.de und **www.wir-tun-was-fuer-bienen.de**
Deutschland summt, Stiftung für Mensch und Umwelt (Informationen zu Bienen und bienenfreundlichem Gärtnern)

www.fledermausschutz.de
Landesfachausschuss Fledermausschutz

www.hortus-insectorum.de
Internetseite des Autors

www.naturgarten.org
NaturGarten e. V., Verein für naturnahe Garten- und Landschaftsgestaltung

Register

Ameisen 82
Amelanchier ovalis 69
Amphibien 114
Anchusa officinalis 22
Angelica sylvestris 33
Artensterben 10
Asphaltflächen 78
Bachlauf 104
Balkon 19, 27, 73, 106
Barfußpfad 82
Beetbegrenzungen 42
Beete 15, 18
Beinwell 37
Benjeshecke 34, 66, 111
Berberis buxifolia 65
Berberitze 64
Bienen 107
Bierflaschenregel 50
Blumenwiesenmischungen 47
Blut-Weiderich 37
Bryonia dioica 35
Buchs 64
Caltha palustris 37
Campanula persicifolia 35
Campanula rotundifolia 29
Cardamine pratensis 37
Carduus nutans 28
Cichorium intybus 23
Clematis vitalba 33
Colchicum autumnale 37
Cornus mas 68
Dachbegrünung 89
Dachwasser nutzen 104

Digitalis purpurea 35
Dipsacus fullonum 35
Distel 22
Dost 29
Dotterblume, Sumpf- 37
Echium vulgare 22
Eckpfeiler des Hortus 8
Eibe 64
Eidechsen 116
Energietransfer im Garten 39
Engelwurz 33
Erdbeere, Wald- 35
Eupatorium cannabinum 37
Faulbaum 68
Felsenbirne 69
Fingerhut 35
Flachwasserteiche 100
Flechtzäune aus Ästen 72
Fledermäuse 92, 118
Fledermauskästen 91
Folienteich 36, 100, 102
Fragaria vesca 35
Frangula alnus 68
Frösche 114
Gemüsebeete 16, 34, 38
Geniale Pflanzen 17
Glockenblume 29, 35
Hecken 56, 62, 66, 68
Wallhecken 59
Helleborus viridis 32
Herbstzeitlose 37
Herzgespann 35
Humus 24, 40

Hypericum perforatum 35
Igel 112
Ilex crenata 65
Johanniskraut 35
Käferkeller 31, 111
Karde 35
Kernzone 58
Keyhole-Beet 39, 41
Kleinteiche 105
Kletterpflanzen 88
Knicks 59
Kompost 41
Kornelkirsche 68
Kreisläufe im Garten 8
Kröten 114
Lathyrus vernus 32
Lehmkästen für Wildbienen 93
Leonurus cardiaca 35
Liguster 64
Ligustersofa 64
Ligustrum vulgare 64
Living Walls 86
Lythrum salicaria 37
Magerbeet 24, 28
Mähen 50
Majoran, Wilder 29
Mantelzone 58
Molche 114
Mulchwurst 39
Nachhaltigkeit 8
Naschhecke 66
Natternkopf 22
Naturmodule 110

Nieswurz 32
Nisthilfen für Vögel 91
Nisthilfen für Wildbienen 92
Nistkästen 91
Nutzbeete 16, 34, 38
Ochsenzunge 22
Ökologischer Fußabdruck 13
Ökotone 58
Origanum vulgare 29
Pflanztaschen 86
Pflasterflächen 78, 82
Pfützen 101
Platterbse, Frühlings- 32
Protagonisten und Antagonisten 12
Rasen 45, 50
Rasenbank 54
Regenwurm 40
Reseda lutea 23
Resede 23
Rhododendron 65
Ringeln von Gehölzstämmen 63
Rosa 69
Ruderalbeet 20, 22
Salix purpurea 65
Sammeldächer 105
Saumbeet 34
Saumzone 58
Scabiosa columbaria 28
Schattenbeet 30, 32
Schaumkraut Wiesen- 37
Schotterflächen 78
Skabiose, Tauben- 28
Spaltenbeet 27

Spontanvegetation 79
Stechpalme 64
Stumpery 31
Succisa pratensis 37
Sukkulentenkasten 27
Sumpfbeet 36
Sumpf-Dotterblume 37
Symphytum officinale 37
Taxus baccata 65
Teiche 36, 100, 102
Teufelsabbiss 37
Töpfe und Kübel 19
Totholz 31
Tränken 106
Trockeninseln 76
Tröge 84
Überraschungskasten 21
Unkraut 17
Versiegelung 76, 78
Vertikale Begrünung 86, 90
Vögel 90, 106, 120
Vogelbäder 106
Vogelnistkästen 91
Vogeltränken 106
Waldrebe 33
Wasser zurückhalten 95
Wasserdost 37
Wege 80
Wegwarte 23
Weide 42, 65
Weidentipi 71
Weidenzäune, Lebende 70
Weiderich, Blut- 37

Wiese 45, 50, 52, 104
   einsäen 54
Wiesen-Schaumkraut 37
Wildbienen 92, 107
Wildbienennisthilfen 92
Wildrosen 69
Wurmfarm 39
Zäune 61
Zaunrübe 35
Zentrale Pflanzen 46
Ziegel 25, 42, 105
Zwiebelblumen 52

Bildquellen

Alle Bilder mit Ausnahme der folgenden stammen vom Autor:
Anastasiia Malinich/Shutterstock.com: S. 58
Anest/Shutterstock.com: S. 60
Ann in the uk/Shutterstock.com: S. 68 u.
Bildagentur Zoonar GmbH/Shutterstock.com: S. 28 o., 33 o., S. 94/95, 119 re.
Blanke, Kerstin: S. 63
Bodor Tivadar/Shutterstock.com: S. 4 (Blatt)
Brzostowska/Shutterstock.com: S. 23 u.
Ebert, Agnes: S. 85 o.
Fenne, Lena: S. 54, 55, 66, 71
Hana Stepanikova/Shutterstock.com: S. 23 o.
Hecker, Frank Naturfotografie: S. 28 u., 56/57, 92
Hecos/Shutterstock.com: S. 33 u.
Heidenreich, Wolfgang: S. 74/75
Hoffmann, Anette: S. 65
Iker Zabaleta/Shutterstock.com: S. 22 o.
Iva Vagnerova/Shutterstock.com: S. 69 o.
Katarzyna Mazurowska/Shutterstock.com: S. 29 o.
Lang, Lena: S. 43
Martin Fowler/Shutterstock.com: S. 32 o.
mauritius images: S. 76
Mayländer, Michaela: S. 1 (Biene), 3 (Blume), 15 (Efeublatt)
mizy/Shutterstock.com: S. 29 u.
nikiteev_konstantin/Shutterstock.com: S. 95 (Tropfen), 96 (Pfütze)
Orest lyzhechka/Shutterstock.com: S. 22 u.
Renninger, Achim: S. 27
Robert Mertl/Shutterstock.com: S. 68 o.
Schoppe, Melanie: S. 31, 34
snowturtle/Shutterstock.com: S. 69 u.
Sting, Lisa: S. 24
Stojan, Edina: Titelbild, U2, U3, S. 14/15, 115 li., 122/123
Tetiana Leman/Shutterstock.com: S. 32 u.
vividvic/Shutterstock.dom: S. 57, 109 (Vogel)

Impressum

Die in diesem Buch enthaltenen Empfehlungen und Angaben sind vom Autor mit größter Sorgfalt zusammengestellt und geprüft worden. Eine Garantie für die Richtigkeit der Angaben kann aber nicht gegeben werden. Autor und Verlag übernehmen keine Haftung für Schäden und Unfälle. Bitte setzen Sie bei der Anwendung der in diesem Buch enthaltenen Empfehlungen Ihr persönliches Urteilsvermögen ein.
Der Verlag Eugen Ulmer ist nicht verantwortlich für die Inhalte der im Buch genannten Websites.

Bibliografische Information der Deutschen Nationalbibliothek
Die Deutsche Nationalbibliothek verzeichnet diese Publikation in der Deutschen Nationalbibliografie; detaillierte bibliografische Daten sind im Internet über http://dnb.d-nb.de abrufbar.

Das Werk einschließlich aller seiner Teile ist urheberrechtlich geschützt. Jede Verwertung außerhalb der engen Grenzen des Urheberrechtsgesetzes ist ohne Zustimmung des Verlages unzulässig und strafbar. Das gilt insbesondere für Vervielfältigungen, Übersetzungen, Mikroverfilmungen und die Einspeicherung und Verarbeitung in elektronischen Systemen.

© 2021 Eugen Ulmer KG
Wollgrasweg 41, 70599 Stuttgart (Hohenheim)
E-Mail: info@ulmer.de
Internet: www.ulmer.de
Projektleitung: Doris Kowalzik
Konzept: Christine Hutschenreuther
Lektorat: Antje Krause
Herstellung: Katharina Merz
Reihen- und Umschlaggestaltung: Michaela Mayländer, Stuttgart, www.sistermic.de
Satz: Marion Schreiber, www.marionschreiber.de
Reproduktion: timeRay Visualisierungen, Jettingen
Druck und Bindung: Pustet, Regensburg
Printed in Germany

ISBN 978-3-8186-1346-4